BETLEHEM: EN MODERN TITT PÅ PALESTINSK MAT

100 samtida smaker från hjärtat av Palestina

SIMON HANSSON

Copyright Material ©2024

Alla rättigheter förbehållna

Ingen del av denna bok får användas eller överföras i någon form eller på något sätt utan korrekt skriftligt medgivande från utgivaren och upphovsrättsinnehavaren, förutom korta citat som används i en recension. Den här boken bör inte betraktas som en ersättning för medicinsk, juridisk eller annan professionell rådgivning.

INNEHÅLLSFÖRTECKNING

INNEHÅLLSFÖRTECKNING **3**
INTRODUKTION **6**
FRUKOST **7**
   1. Musakhan rullar 8
   2. Foul Medames (Fava Beans) 10
   3. Za'atar Manakeesh 12
   4. palestinska Shakshuka..14
   5. Jerusalem Bagels (Ka'Ak Alquds) 16
   6. Yoghurt och Dadlar Smoothie 18
   7. Sardin och potatishash 20
   8. Fullständiga Medames 22
   9. Maldouf FlatBröd 24
   10. Shakshuka..26
   11. Manoushe (syriskt tunnbröd med Za'atar) 28
   12. Ka'ak bröd 30
   13. Fatteh (syrisk frukostgryta) 32
   14. Syriska Flatb läst 34
   15. Labneh och Za'atar Toast 36
SNACKS OCH APTITRETARE **38**
   16. Khubz (Flatbread) Chips 39
   17. Dadlar med mandel 41
   18. Falafel 43
   19. Spenat Fatayer 45
   20. Fylld lök 47
   21. Latkes 50
   22. Assorterad dadelbricka 52
   23. Ojust spel 54
   24. Samosa 56
   25. Muhammara (Syrian Hot Pepper Dip) 59
   26. Baba Ghanoush 62
HUVUDRÄTT **64**
   27. Jedra (linser och ris) 65
   28. Fylld kyckling (Djaj Mahshi) 67
   29. Grillad kyckling (Djaj Harari) 70
   30. Malva (Khuzaibah) 72
   31. Fylld zucchini (Mahshi Kpusa) 74
   32. Fylld kål (Mahshi Malfouf) 77
   33. Qalayet Banadora (Tomatgryta) 79
   34. Inlagd grön oliv 81
   35. Moussaka 83

36. LINS- OCH PUMPASOPPA 85
37. KRYDDIG GAZAN FISK 87
38. RÄKSKÅL 89
39. SPENATPAJER 91
40. MUSAKHAN 93
41. TIMJAN MUTABBAQ 95
42. MALFOUF 97
43. AL QIDRA AL KHALILIYA 99
44. RISSOLE: KÖTTFÄRS 101
45. MEJADRA 103
46. NA'AMA ÄR FET 106
47. BABYSPENATSALLAD MED DADLAR & MANDEL 108
48. ROSTAD BUTTERNUT SQUASH MED ZA'ATAR 110
49. BLANDAD BÖNSALLAD 112
50. ROTFRUKTSSALLAD MED LABNEH 114
51. STEKTA TOMATER MED VITLÖK 116
52. STEKT BLOMKÅL MED TAHINI 118
53. TABBOULEH 120
54. SABIH 122

SOPPAR 125
55. BISSARA (FAVA BÖNSOPPA) 126
56. SHORBAT ADAS (LINSSOPPA) 128
57. SHORBAT FREEKEH (FREEKEH SOUP) 130
58. SHORBAT KHODAR (GRÖNSAKSSOPPA) 132
59. BEET KUBBEH (KUBBEH-SOPPA) 134
60. SHORBAT KHODAR (GRÖNSAKSSOPPA) 137
61. GRÖNSAKSSHURBAH _ 139
62. VATTENKRASSE OCH KIKÄRTSSOPPA MED ROSENVATTEN 141
63. VARM YOGHURT OCH KORNSOPPA 143
64. PISTAGESOPPA 145
65. BRÄND AUBERGINE OCH MOGRABIEH SOPPA 148
66. TOMAT- OCH SURDEGSSOPPA 151

SALADER 153
67. TOMAT OCH GURKSALLAD 154
68. KIKÄRTSSALLAD (SALATAT HUMMUS) 156
69. TABBOULEH SALLAD 158
70. FATTOUSH SALLAD 160
71. BLOMKÅL, BÖNOR OCH RISSALLAD 162
72. DADEL OCH VALNÖTSSALLAD 164
73. MOROT OCH APELSIN SALLAD 166

EFTERRÄTT 168
74. KNAFEH 169
75. ATAYEF 171

- 76. Basbousa (Revani) 173
- 77. Tamriyeh (datumfyllda cookies) 175
- 78. Qatayef 177
- 79. Harisseh 179
- 80. Sesammandelrutor 181
- 81. Awameh 183
- 82. Rose Cookies (Qurabiya) 185
- 83. Banan och dadel tårta 187
- 84. Saffransglass 189
- 85. Gräddkola (Muhallabia) 191
- 86. Mamoul med dadlar 193
- 87. syriska Namora 196
- 88. Syriska dadelbrownies 198
- 89. Baklava 201
- 90. Halawet el Jibn (syriska sötostrullar) 203
- 91. Basbousa (Semolina Cake) 205
- 92. Znoud El Sit (syriska gräddfyllda bakverk) 207
- 93. Mafroukeh (semolina och mandeldessert) 209
- 94. Röd paprika och bakade ägggaletter 211
- 95. Örtpaj 214
- 96. Burekas 217
- 97. Ghraybeh 220
- 98. Mutabbaq 222
- 99. Sherbat 225
- 100. Qamar al-Din Pudding 227

SLUTSATS 229

INTRODUKTION

Ahlan wa sahlan ! Välkommen till "Betlehem: en modern titt på palestinsk mat" en kulinarisk resa som inbjuder dig att utforska hjärtat av Palestina genom 100 samtida smaker. Den här kokboken är en hyllning till det rika kulinariska arvet, levande ingredienser och innovativa tekniker som definierar palestinsk matlagning. Följ med oss när vi ger oss ut på en modern utforskning av de traditionella smakerna som har gått i arv genom generationer.

Föreställ dig ett bord utsmyckat med aromatiska grytor, livfulla sallader och söta bakverk – allt inspirerat av de olika landskapen och kulturella influenserna i Betlehem och utanför. "Bethlehem" är inte bara en samling recept; det är en hyllning till ingredienserna, teknikerna och berättelserna som gör det palestinska köket till en återspegling av historia, motståndskraft och glädjen i gemensamma måltider. Oavsett om du har palestinska rötter eller helt enkelt uppskattar Mellanösterns djärva och nyanserade smaker, är dessa recept framtagna för att guida dig genom den palestinska matlagningens krångligheter.

Från klassiska rätter som maqluba till moderna vändningar på mezze och uppfinningsrika desserter, varje recept är en hyllning till friskheten, kryddorna och gästfriheten som definierar det palestinska köket. Oavsett om du är värd för en festlig sammankomst eller njuter av en mysig familjemåltid, är den här kokboken din bästa resurs för att föra den autentiska smaken av Palestina till ditt bord.

Följ med oss när vi korsar Betlehems kulinariska landskap, där varje skapelse är ett bevis på de livliga och mångsidiga smakerna som gör palestinsk matlagning till en omhuldad kulinarisk tradition. Så, ta på dig ditt förkläde, omfamna andan av palestinsk gästfrihet och låt oss ge oss ut på en läcker resa genom "Betlehem: en modern titt på palestinsk mat".

FRUKOST

1. Musakhan rullar

INGREDIENSER:
- 2 dl strimlad kokt kyckling
- 1 stor lök, tunt skivad
- 1/4 kopp sumak
- Olivolja
- Salta och peppra efter smak
- Tunnbröd eller tortillas

INSTRUKTIONER:
a) Fräs den skivade löken i olivolja tills den är karamelliserad.
b) Tillsätt strimlad kyckling, sumak, salt och peppar. Koka tills den är genomvärmd.
c) Värm tunnbrödet, häll sedan kycklingblandningen på varje och rulla till en cylinderform.

2. Foul Medames (Fava Beans)

INGREDIENSER:
- 2 burkar favabönor, avrunna
- 2 vitlöksklyftor, hackade
- 1/4 kopp olivolja
- Saften av 1 citron
- Salt och spiskummin efter smak
- Hackad persilja till garnering

INSTRUKTIONER:
a) Fräs vitlök i olivolja i en panna tills den doftar.
b) Tillsätt favabönor, citronsaft, salt och spiskummin. Koka tills den är genomvärmd.
c) Mosa några bönor med en gaffel. Servera garnerad med hackad persilja.

3.Za'atar Manakeesh

INGREDIENSER:
- Pizzadeg eller tunnbröd
- 1/4 kopp za'atar kryddblandning
- 1/4 kopp olivolja
- Sesamfrön (valfritt)

INSTRUKTIONER:
a) Förvärm ugnen. Kavla ut degen till en platt cirkel.
b) Blanda za'atar med olivolja för att skapa en pasta.
c) Fördela za'atarpastan jämnt över degen och lämna en kant.
d) Om så önskas, strö sesamfrön ovanpå.
e) Grädda tills kanterna är gyllene. Skiva och servera.

4.palestinska Shakshuka

INGREDIENSER:
- 2 matskedar olivolja
- 1 lök, finhackad
- 3 paprika, tärnade
- 4 vitlöksklyftor, hackade
- 1 tsk malen spiskummin
- 1 tsk paprika
- 1/2 tsk cayennepeppar (anpassa efter smak)
- 1 burk (28 oz) krossade tomater
- Salta och peppra efter smak
- 6-8 stora ägg
- Färsk persilja till garnering

INSTRUKTIONER:
a) Hetta upp olivolja i en stor stekpanna. Tillsätt hackad lök och fräs tills den är genomskinlig.
b) Tillsätt tärnad paprika och hackad vitlök. Koka tills paprikan är mjuk.
c) Rör ner mald spiskummin, paprika och cayennepeppar.
d) Häll i krossade tomater och smaka av med salt och peppar. Sjud tills såsen tjocknar.
e) Skapa små brunnar i såsen och knäck äggen i dem.
f) Täck kastrullen och koka tills äggen pocherats efter eget tycke.
g) Garnera med färsk persilja och servera med knaprigt bröd.

5.Jerusalem Bagels (Ka'Ak Alquds)

INGREDIENSER:
- 4 koppar universalmjöl
- 1 matsked socker
- 1 msk aktiv torrjäst
- 1 1/2 dl varmt vatten
- 1 tsk salt
- Sesamfrön till topping

INSTRUKTIONER:
a) Blanda varmt vatten, socker och jäst i en skål. Låt det sitta i 5-10 minuter tills det skummar.
b) I en stor blandningsskål, kombinera mjöl och salt. Tillsätt jästblandningen och knåda till en smidig deg.
c) Täck degen och låt den jäsa i 1-2 timmar tills den är dubbelt så stor.
d) Värm ugnen till 400°F (200°C).
e) Dela degen i små delar och forma dem till ringar.
f) Lägg ringarna på en plåt, pensla med vatten och strö över sesamfrön.
g) Grädda i 15-20 minuter eller tills de är gyllenbruna.

6.Yoghurt och Dadlar Smoothie

INGREDIENSER:
- 1 dl urkärnade dadlar
- 1 kopp yoghurt
- 1/2 kopp mjölk
- 1 msk honung
- Isbitar

INSTRUKTIONER:
a) I en mixer, kombinera urkärnade dadlar, yoghurt, mjölk och honung.
b) Mixa tills det är slätt.
c) Tillsätt isbitar och mixa igen tills smoothien når önskad konsistens.
d) Häll upp i glas och servera kyld.

7.Sardin och potatishash

INGREDIENSER:
- 2 burkar sardiner i olja, avrunna
- 3 medelstora potatisar, skalade och tärnade
- 1 lök, finhackad
- 2 tomater, tärnade
- 2 vitlöksklyftor, hackade
- 1 tsk malen spiskummin
- 1 tsk mald koriander
- Salta och peppra, efter smak
- Olivolja för matlagning
- Färsk koriander till garnering

INSTRUKTIONER:
a) Värm olivolja i en panna och fräs hackad lök och vitlök tills den mjuknat.
b) Tillsätt tärnad potatis och koka tills den börjar få färg.
c) Rör ner mald spiskummin, mald koriander, salt och peppar.
d) Tillsätt tärnade tomater och koka tills de går sönder.
e) Vik försiktigt ner sardinerna, var försiktig så att de inte går sönder för mycket.
f) Koka tills potatisen är mjuk och smakerna smälter samman.
g) Garnera med färsk koriander innan servering.

8. Fullständiga Medames

INGREDIENSER:
- 2 dl kokta favabönor
- 1/4 kopp olivolja
- 1 lök, finhackad
- 2 vitlöksklyftor, hackade
- 1 tomat, tärnad
- 1 tsk malen spiskummin
- 1 tsk mald koriander
- Salta och peppra, efter smak
- Färsk persilja till garnering
- Hårdkokta ägg för servering (valfritt)
- Tunnbröd eller pitabröd till servering

INSTRUKTIONER:
a) Värm olivolja i en panna och fräs hackad lök och vitlök tills den mjuknat.
b) Tillsätt tärnade tomater och koka tills de går sönder.
c) Rör ner mald spiskummin, mald koriander, salt och peppar.
d) Tillsätt de kokta favabönorna och koka tills de är genomvärmda.
e) Mosa några av bönorna för att skapa en krämig konsistens.
f) Garnera med färsk persilja.
g) Servera med hårdkokta ägg vid sidan av om så önskas, och tillsammans med tunnbröd eller pitabröd.

9.Maldouf FlatBröd

INGREDIENSER:
- 2 koppar fullkornsmjöl
- Salt att smaka
- 1/4 kopp ghee (klarat smör) för ytfritering
- Vatten För knådning av deg
- 8-14 1/2 kopp mjuka dadlar
- 1 kopp kokande vatten

INSTRUKTIONER:
a) Blötlägg de urkärnade dadlarna i 1 kopp kokande vatten i 2-3 timmar eller tills de är mjuka.
b) Purea de mjukgjorda dadlarna med en sil eller ett fint nät. Du kan behöva en mixer för att blanda, om den inte är särskilt mjuk för dig.
c) Blanda de mosade dadlarna tillsammans med salt, 1 msk ghee och mjöl och gör en mjuk deg.
d) Låt degen vila i minst 20 minuter.
e) Dela degen i lika stora eller citronstora bollar.
f) Rulla var och en för att bilda ett tunnbröd/paratha/cirkulär skiva/eller form du gillar till 5-6 tum lång.
g) Fräs varje med ghee tills de är kokta från båda sidorna. Eftersom degen har dadlar i sig kommer den att tillagas väldigt snabbt.

10. Shakshuka

INGREDIENSER:
- 2 matskedar olivolja
- 1 lök, finhackad
- 2 paprika, tärnade
- 3 vitlöksklyftor, hackade
- 1 burk (28 oz) krossade tomater
- 1 tsk malen spiskummin
- 1 tsk malen paprika
- Salta och peppra efter smak
- 4-6 ägg
- Färsk persilja till garnering

INSTRUKTIONER:
a) Värm olivolja på medelvärme i en stor stekpanna.
b) Fräs lök och paprika tills de är mjuka.
c) Tillsätt hackad vitlök och koka ytterligare en minut.
d) Häll i krossade tomater och smaka av med spiskummin, paprika, salt och peppar. Sjud i ca 10-15 minuter tills såsen tjocknar.
e) Gör små brunnar i såsen och knäck ner äggen i dem.
f) Täck kastrullen och koka tills äggen pocherats efter eget tycke.
g) Garnera med färsk persilja och servera med bröd.

11. Manoushe (syriskt tunnbröd med Za'atar)

INGREDIENSER:
- Pizzadeg eller tunnbrödsdeg
- Za'atar kryddblandning
- Olivolja
- Valfritt: Labneh eller yoghurt för doppning

INSTRUKTIONER:
a) Kavla ut pizza- eller tunnbrödsdegen till en tunn rund form.
b) Bred en rejäl mängd olivolja över degen.
c) Strö Za'atar kryddblandning jämnt över degen.
d) Grädda i ugnen tills kanterna är gyllene och krispiga.
e) Valfritt: Servera med en sida av labneh eller yoghurt för doppning.

12. Ka'ak bröd

INGREDIENSER:
- 4 koppar universalmjöl
- 1 matsked socker
- 1 tsk salt
- 1 msk aktiv torrjäst
- 1 1/2 dl varmt vatten
- Sesamfrön till topping

INSTRUKTIONER:
a) I en stor skål, kombinera mjöl, socker och salt.
b) I en separat skål, lös upp jästen i varmt vatten och låt den sitta i 5 minuter tills den är skum.
c) Tillsätt jästblandningen i mjölblandningen och knåda tills du har en smidig deg.
d) Dela degen i små bollar och forma var och en till ett runt eller ovalt bröd.
e) Lägg det formade brödet på en plåt, pensla med vatten och strö över sesamfrön.
f) Grädda i en förvärmd ugn vid 375°F (190°C) tills de är gyllenbruna.

13. Fatteh (syrisk frukostgryta)

INGREDIENSER:
- 2 dl kokta kikärter
- 2 koppar vanlig yoghurt
- 2 vitlöksklyftor, hackade
- 1 kopp rostade tunnbrödsbitar (pita eller libanesiskt bröd)
- 1/4 kopp pinjenötter, rostade
- 2 msk klarat smör (ghee)
- Mald spiskummin, efter smak
- Salta och peppra, efter smak

INSTRUKTIONER:
a) I ett serveringsfat, varva de rostade tunnbrödsbitarna.
b) Blanda yoghurten med hackad vitlök, salt och peppar i en skål. Bred ut det över brödet.
c) Toppa med kokta kikärtor.
d) Ringla över klarnat smör och strö rostade pinjenötter och mald spiskummin ovanpå.
e) Servera varm som en rejäl och smakrik frukostgryta.

14.Syriska Flatbläst

INGREDIENSER:
- 1 11/16 dl vatten
- 2 matskedar vegetabilisk olja
- ½ tesked vitt socker
- 1 ½ tsk salt
- 3 koppar universalmjöl
- 1 ½ tsk aktiv torrjäst

INSTRUKTIONER:
a) Placera ingredienserna i pannan på brödmaskinen i den ordning som rekommenderas av tillverkaren.
b) Välj degcykeln på din brödmaskin och tryck på Start.
c) När degcykeln nästan är klar, förvärm ugnen till 475 grader F (245 grader C).
d) Vänd ut degen på en lätt mjölad yta.
e) Dela degen i åtta lika stora bitar och forma dem till rundlar.
f) Täck rundlarna med en fuktig trasa och låt dem vila.
g) Rulla varje deg runt till en tunn platt cirkel, cirka 8 tum i diameter.
h) Tillaga två omgångar åt gången på förvärmda bakplåtar eller en baksten tills de blåser upp och blir gyllenbruna, ca 5 minuter.
i) Upprepa processen för de återstående bröden.
j) Servera det syriska brödet varmt och njut av dess mångsidighet till lunch eller middag.

15. Labneh och Za'atar Toast

INGREDIENSER:
- Labneh (silad yoghurt)
- Za'atar kryddblandning
- Olivolja
- Pitabröd eller knaprigt bröd

INSTRUKTIONER:
a) Bred en generös mängd labneh på rostat pitabröd eller ditt knapriga favoritbröd.
b) Strö över za'atar kryddblandning.
c) Ringla över olivolja.
d) Servera som smörgås med öppen ansikte eller skär i mindre bitar.

SNACKS OCH APTITRETARE

16. Khubz (Flatbread) Chips

INGREDIENSER:
- 4 tunnbröd (Khubz)
- 2 matskedar olivolja
- 1 tsk malen spiskummin
- 1 tsk paprika
- Salt att smaka

INSTRUKTIONER:
a) Värm ugnen till 350°F (180°C).
b) Pensla tunnbröd med olivolja och strö över spiskummin, paprika och salt.
c) Skär tunnbröd i trianglar eller strimlor.
d) Grädda i ugnen i 10-12 minuter eller tills den är knaprig.
e) Kyl innan servering.

17. Dadlar med mandel

INGREDIENSER:
- Färska dadlar
- Mandel, hel eller halverad

INSTRUKTIONER:
a) Urkärna dadlarna genom att göra ett litet snitt och ta bort fröet.
b) Sätt in en hel mandel eller halva i håligheten som lämnats av fröet.

18. Falafel

INGREDIENSER:
- 2 dl blötlagda och avrunna kikärter
- 1 liten lök, hackad
- 3 vitlöksklyftor, hackade
- 1/4 kopp färsk persilja, hackad
- 1 tsk malen spiskummin
- 1 tsk mald koriander
- Salta och peppra, efter smak
- Olja för stekning

INSTRUKTIONER:
a) Blanda kikärter, lök, vitlök, persilja, spiskummin, koriander, salt och peppar i en matberedare tills en grov blandning bildas.
b) Forma blandningen till små bollar eller biffar.
c) Hetta upp olja i en panna och stek tills den är gyllenbrun på båda sidor.
d) Låt rinna av på hushållspapper.
e) Servera varm med tahinisås eller yoghurt.

19. Spenat Fatayer

INGREDIENSER:
- 2 dl hackad spenat
- 1 liten lök, finhackad
- 1/4 kopp pinjenötter
- 1 msk olivolja
- 1 tsk mald sumak
- Salta och peppra, efter smak
- Pizzadeg eller färdiga bakverk

INSTRUKTIONER:
a) Fräs löken i olivolja tills den är genomskinlig.
b) Tillsätt hackad spenat och koka tills den vissnat.
c) Rör ner pinjenötter, mald sumak, salt och peppar.
d) Kavla ut pizzadegen eller bakelsearken och skär i cirklar.
e) Lägg en sked av spenatblandningen på varje cirkel, vik på mitten och förslut kanterna.
f) Grädda tills de är gyllenbruna.
g) Servera varm.

20.Fylld lök

INGREDIENSER:
- 4 stora lökar (2 lb / 900 g totalt, skalad vikt) ca 1⅔ koppar / 400 ml grönsaksbuljong
- 1½ msk granatäpplemelass
- salt och nymalen svartpeppar
- FYLLNING
- 1½ msk olivolja
- 1 kopp / 150 g finhackad schalottenlök
- ½ kopp / 100 g kortkornigt ris
- ¼ kopp / 35 g pinjenötter, krossade
- 2 msk hackad färsk mynta
- 2 msk hackad plattbladspersilja
- 2 tsk torkad mynta
- 1 tsk malen spiskummin
- ⅛ tsk mald kryddnejlika
- ¼ tsk mald kryddpeppar
- ¾ tsk salt
- ½ tsk nymalen svartpeppar
- 4 citronklyftor (valfritt)

INSTRUKTIONER:
a) Skala och skär cirka 0,5 cm från topparna och svansarna på löken, lägg den skurna löken i en stor kastrull med mycket vatten, koka upp och koka i 15 minuter. Häll av och ställ åt sidan för att svalna.
b) För att förbereda fyllningen, värm olivoljan i en medelstor stekpanna på medelhög värme och tillsätt schalottenlök. Fräs i 8 minuter, rör om ofta, tillsätt sedan alla återstående ingredienser utom citronklyftorna. Sänk värmen till låg och fortsätt koka och rör om i 10 minuter.
c) Använd en liten kniv och gör ett långt snitt från toppen av löken till botten, kör hela vägen till mitten, så att varje lager av lök har bara en skåra som löper genom den. Börja försiktigt separera löklagren, en efter en, tills du når kärnan. Oroa dig inte om några av lagren sliter lite genom peelingen; du kan fortfarande använda dem.
d) Håll ett lager lök i ena kupade handen och häll cirka 1 matsked av risblandningen i hälften av löken, placera fyllningen nära ena änden av öppningen. Bli inte frestad att fylla den mer, eftersom den måste slås in fint och ombonat. Vik den tomma sidan av löken över den fyllda sidan och rulla ihop den hårt så att riset täcks med några lager lök utan luft i mitten.
e) Lägg i en medelstor långpanna som du har lock till, med skarven nedåt och fortsätt med resterande lök- och risblandning. Lägg löken sida vid sida i pannan, så att det inte finns något utrymme att röra sig på. Fyll eventuella utrymmen med delar av löken som inte har fyllts. Tillsätt tillräckligt med fond så att löken täcks till tre fjärdedelar, tillsammans med granatäpplemelassen, och smaka av med ¼ tesked salt.
f) Täck pannan och låt sjuda på lägsta möjliga sätt i 1½ till 2 timmar tills vätskan har avdunstat. Servera varm eller rumstemperatur, med citronklyftor om du vill.

21. Latkes

INGREDIENSER:
- 5½ koppar / 600 g skalad och riven ganska vaxartad potatis som Yukon Gold
- 2¾ koppar / 300 g skalade och rivna palsternacka
- ⅔ kopp / 30 g gräslök, finhackad
- 4 äggvitor
- 2 msk majsstärkelse
- 5 msk / 80 g osaltat smör
- 6½ msk / 100 ml solrosolja
- salt och nymalen svartpeppar
- gräddfil, att servera

INSTRUKTIONER:
a) Skölj potatisen i en stor skål med kallt vatten. Häll av i ett durkslag, krama ur överflödigt vatten och sprid sedan ut potatisen på en ren kökshandduk för att torka helt.
b) I en stor skål, blanda ihop potatis, palsternacka, gräslök, äggvita, majsstärkelse, 1 tsk salt och mycket svartpeppar.
c) Hetta upp hälften av smöret och hälften av oljan i en stor stekpanna på medelhög värme. Använd händerna för att plocka ut delar av cirka 2 matskedar av latkemixen, krama ordentligt för att ta bort lite av vätskan och forma till tunna biffar ca 3/8 tum / 1 cm tjocka och 3¼ tum / 8 cm i diameter.
d) Placera försiktigt så många latkes som du bekvämt får plats i pannan, tryck ner dem försiktigt och jämna till dem med baksidan av en sked. Stek på medelhög värme i 3 minuter på varje sida. Latkarna måste vara helt bruna på utsidan. Ta bort de stekta latkesna från oljan, lägg på hushållspapper och håll dem varma medan du kokar resten.
e) Tillsätt resten av smöret och oljan efter behov. Servera på en gång med gräddfil vid sidan av.

22. Assorterad dadelbricka

INGREDIENSER:
- 4-5 koppar urkärnade dadlar eller någon sort
- 1/2 kopp rostade solrosfrön
- 1/2 kopp rostade pumpafrön
- 1/2 kopp rostade vita sesamfrön
- 1/2 kopp rostade svarta sesamfrön
- 1/2 kopp rostade jordnötter

INSTRUKTIONER:
a) Tvätta och torka alla dadlar. Se till att de är torra och fuktfria.
b) Gör en skåra i mitten av varje dadel och ta bort fröna. Kasta fröna.
c) Fyll mitten av varje dadel med de rostade solrosfröna, pumpafröna, vita sesamfrön, svarta sesamfrön och jordnötter.
d) Ordna de fyllda dadlarna på ett stort fat så att de är lättillgängliga och visuellt tilltalande.
e) Förvara de olika dadlarna i lufttäta behållare i kylen.

23.Ojust spel

INGREDIENSER:
- 2 burkar favabönor, avrunna och sköljda
- 2 vitlöksklyftor, hackade
- 1/4 kopp olivolja
- Saften av 1 citron
- Salta och peppra, efter smak
- Hackad persilja till garnering
- bröd (Rukhal), för servering

INSTRUKTIONER:
a) Fräs hackad vitlök i olivolja i en panna tills den doftar.
b) Tillsätt favabönorna och koka tills de är genomvärmda.
c) Mosa bönorna något med en gaffel.
d) Smaka av med citronsaft, salt och peppar.
e) Garnera med hackad persilja.
f) Servera med bröd.

24. Samosa

INGREDIENSER:
FÖR SAMOSADEG:
- 2 koppar universalmjöl (maida) (260 gram)
- 1 tsk ajwain (carom frön)
- 1/4 tsk salt
- 4 matskedar + 1 tesked olja (60 ml + 5 ml)
- Vatten för att knåda degen (cirka 6 matskedar)

FÖR SAMOSA-FYLLNING:
- 3-4 medelstora potatisar (500-550 gram)
- 2 matskedar olja
- 1 tsk spiskummin
- 1 tsk fänkålsfrön
- 2 tsk krossade korianderfrön
- 1 tsk finhackad ingefära
- 1 grön chili, hackad
- 1/4 tesked hing (asafoetida)
- 1/2 kopp + 2 msk gröna ärtor (blötlagda i varmt vatten om du använder frysta)
- 1 tsk korianderpulver
- 1/2 tsk garam masala
- 1/2 tsk amchur (torkat mangopulver)
- 1/4 tsk rött chilipulver (eller efter smak)
- 3/4 tsk salt (eller efter smak)
- Olja för fritering

INSTRUKTIONER:
GÖR SAMOSADEG:
a) I en stor skål, kombinera all-purpose mjöl, ajwain och salt.
b) Tillsätt olja och gnid in mjölet med olja tills det liknar smulor. Detta bör ta 3-4 minuter.
c) Tillsätt vatten gradvis, knåda till en styv deg. Överarbeta inte degen; det borde bara gå ihop.
d) Täck degen med en fuktig duk och låt den vila i 40 minuter.

GÖR POTATISSFYLLNING:
e) Koka potatisen tills den är klar (8-9 visselpipor om du använder en tryckkokare med spis eller 12 minuter vid högt tryck i en snabbkokare).
f) Skala och mosa potatisen.
g) Värm olja i en panna och tillsätt spiskummin, fänkålsfrön och krossade korianderfrön. Fräs tills det är aromatiskt.
h) Tillsätt hackad ingefära, grön chili, hing , kokt och mosad potatis och gröna ärtor. Blanda väl.
i) Tillsätt korianderpulver, garam masala, amchur , röd chilipulver och salt. Blanda tills det är väl införlivat. Ta av från värmen och låt fyllningen svalna.

FORM & FRIT SAMOSA:
j) Efter att degen har vilat, dela den i 7 lika delar.
k) Rulla varje del till en cirkel med en diameter på 6-7 tum och skär den i två delar.
l) Ta en del, applicera vatten på den raka kanten och bilda en kon. Fyll med 1-2 matskedar potatisfyllning.
m) Förslut samosaen genom att nypa i kanterna. Upprepa för den återstående degen.
n) Värm olja på låg värme. Stek samosas på låg värme tills de blir fasta och ljusbruna (10-12 minuter). Öka värmen till medel och stek tills de är gyllenbruna.
o) Stek 4-5 samosas åt gången, och varje sats tar cirka 20 minuter på låg värme.

25. Muhammara (Syrian Hot Pepper Dip)

INGREDIENSER:
- 2 söta paprikor, kärnade och i fjärdedelar
- 3 skivor fullkornsbröd, skorpor borttagna
- ¾ kopp rostade valnötter, hackade
- 2 msk citronsaft
- 2 msk Aleppopeppar
- 2 tsk granatäpplemelass
- 1 vitlöksklyfta, hackad
- 1 tsk spiskummin, grovmalda
- Salt att smaka
- ½ kopp olivolja
- 1 nypa sumakpulver

INSTRUKTIONER:
a) Ställ in ugnsgallret ca 6 tum från värmekällan och förvärm ugnens broiler.
b) Klä en bakplåt med aluminiumfolie.
c) Lägg paprikorna med de skurna sidorna nedåt på den förberedda plåten.
d) Rosta under den förvärmda broilern tills skalet på paprikorna har svartnat och blåsor, cirka 5 till 8 minuter.
e) Rosta brödskivorna i en brödrost och låt dem svalna.
f) Lägg det rostade brödet i en återförslutbar plastpåse, krama ur luft, förslut påsen och krossa med en kavel för att göra smulor.
g) Lägg över de rostade paprikorna i en skål och förslut dem ordentligt med plastfolie.
h) Ställ åt sidan tills skalet på paprikan är löst, cirka 15 minuter.
i) Ta bort och släng skalen.
j) Mosa de skalade paprikorna med en gaffel.
k) I en matberedare, kombinera mosad paprika, brödsmulor, rostade valnötter, citronsaft, Aleppopeppar, granatäpplemelass, vitlök, spiskummin och salt.
l) Pulsera blandningen några gånger för att blanda innan du kör på lägsta inställningen.
m) Häll långsamt olivolja i pepparblandningen medan den blandas tills den är helt integrerad.
n) Överför muhammarablandningen till ett serveringsfat.
o) Strö sumac över blandningen före servering.

26. Baba Ghanoush

INGREDIENSER:
- 4 stora italienska auberginer
- 2 pressade vitlöksklyftor
- 2 tsk kosher salt, eller efter smak
- 1 citron, saftad eller mer efter smak
- 3 matskedar tahini, eller mer efter smak
- 3 matskedar extra virgin olivolja
- 2 msk vanlig grekisk yoghurt
- 1 nypa cayennepeppar, eller efter smak
- 1 blad färsk mynta, malet (valfritt)
- 2 msk hackad färsk italiensk persilja

INSTRUKTIONER:
a) Förvärm en utomhusgrill för medelhög värme och olja in gallret lätt.
b) Pricka ytan på auberginskalet flera gånger med spetsen på en kniv.
c) Lägg aubergine direkt på grillen. Vänd ofta med en tång medan huden förkolnar.
d) Koka tills auberginerna har kollapsat och är mycket mjuka, cirka 25 till 30 minuter.
e) Överför till en skål, täck tätt med aluminiumfolie och låt svalna i cirka 15 minuter.
f) När aubergine är tillräckligt svala för att hantera, dela dem på mitten och skrapa köttet i ett durkslag placerat över en skål.
g) Låt rinna av i 5 eller 10 minuter.
h) Överför auberginen till en mixerskål och tillsätt pressad vitlök och salt.
i) Mosa tills det är krämigt men med lite konsistens, ca 5 minuter.
j) Vispa i citronsaft, tahini, olivolja och cayennepeppar.
k) Rör ner yoghurt.
l) Täck skålen med plastfolie och ställ i kylen tills den är helt kall, cirka 3 eller 4 timmar.
m) Smaka av för att justera kryddor.
n) Innan servering, rör ner malet mynta och hackad persilja.

HUVUDRÄTT

27. Jedra (linser och ris)

INGREDIENSER:
- 1 dl linser, sköljda
- 1 kopp ris
- 1 stor lök, finhackad
- 1/4 kopp olivolja
- Mal spiskummin, koriander, salt och peppar efter smak

INSTRUKTIONER:
a) Fräs hackad lök i olivolja tills den är gyllene.
b) Tillsätt linser, ris, kryddor och vatten. Koka tills ris och linser är mjuka.
c) Fluffa med en gaffel innan servering.

28.Fylld kyckling (Djaj Mahshi)

INGREDIENSER:
FÖR Kyckling som ska marineras:
- 1300 gram kyckling, stor
- 2 citroner
- 2 tsk salt
- 1 tsk fin spiskummin
- 1 tsk mald svartpeppar

ATT KOKA KYCKLING:
- 2 koppar vatten
- 1 medelstor lök, hackad i små bitar
- 4 kardemumma
- 3 lagerblad

FÖR PÅFYLLNING:
- 3/4 kopp egyptiskt ris (litet), tvättat och blött i kallt vatten för
- 30 minuter och rinna av väl
- 1 matskedar vegetabilisk olja
- 1 matsked margarin
- 2 msk pinjenötter eller någon typ av nötter
- 150 g köttfärs, utan fett (valfritt)
- 1 liten lök, hackad i små bitar
- 3/4 kopp varmt vatten
- 1 tsk paprika
- 1 tsk salt
- 1 tsk mald svartpeppar
- 1/2 tsk fin kanel
- 1 matsked vegetabilisk olja, för ugnen
- 1 msk tomatsås, till ugnen

INSTRUKTIONER:

a) Vi kollar kyckling väl lite med en kniv tills vi tar bort eventuella fjädrar som fortfarande finns kvar. Gnid sedan in kycklingen med citron väl, inifrån och ut, gnid sedan in den med en blandning av salt, svartpeppar och spiskummin och låt stå i kylen i två timmar tills marinaden absorberats.

b) För att förbereda fyllningen, i en kastrull på elden, lägg oljan och margarinet, stek sedan pinjenötterna lite, tillsätt sedan löken och rör om tills löken vissnar, tillsätt köttfärsen och rör om tills köttvattnet torkar.

c) Tillsätt 3/4 kopp varmt vatten och rör om, tillsätt sedan ris och rör om i 5 minuter, tillsätt salt, sötpeppar, svartpeppar och kanel och rör om, minska sedan elden lite tills riset är halvkokt, ta bort det från elda och låt stå tills det svalnat.

d) Vi börjar fylla kycklingen från halsen, sedan insidan, stoppa under vingarna och stänga de öppna platserna med en tråd (var noga med att inte fylla kycklingen helt eftersom volymen ris kommer att öka efter det).

e) Lägg kycklingen på ryggen i en bred kastrull med precis tillräckligt med vatten för att täcka den med kardemumma, hackad lök och låt det koka på låg värme tills kycklingen börjar mogna.

f) Vi tar ut kycklingen ur grytan och borstar den från utsidan med en pensel med sås- och oljeblandningen. Lägg den i grillpåsen med 4 msk buljong, stäng sedan påsen väl, och gör sedan ett litet hål från toppen med en nål så att det inte buktar för mycket inne i ugnen. Sedan lägger vi påsen i ugnsbrickan.

g) Den rostade fyllda kycklingen på palestinskt vis går in i ugnen på grillen tills den är helt brynt, vänd påsen under stekning, sedan tas den ur ugnen och läggs på ett serveringsfat och serveras.

29.Grillad kyckling (Djaj Harari)

INGREDIENSER:
KYCKLING
- Grillpåse
- Vatten 1 kopp
- 1 stor potatis, skuren i rutor
- Morot eller två hackade morötter

FYLLNING:
- vitlök 1 huvud
- 1 lök
- Tomat
- citron juice
- liten sked vinäger
- liten olivolja kopp
- Två matskedar tomatpuré
- Salt (efter önskemål)
- sked sojasås

INSTRUKTIONER:
a) Lägg ingredienserna till fyllningen i mixern, ta sedan med kycklingen och
b) gör hål i kycklingen, krydda den och marinera den i fyra timmar eller en hel natt.
c) Salta grönsakerna som vi vill lägga till kycklingen, krydda dem och lägg dem i påsen med kycklingen.
d) Stäng påsen från toppen, lägg i brickan, häll en kopp vatten i brickan och stick hål i påsen med en kniv två små hål för att släppa ut luften.
e) Sätt in i ugnen förvärmd från en timme till en timme och en kvart vid en temperatur på 180 grader, och vatten kan läggas till plåten om den torkar innan den är klar.
f) Vi tar ut den ur påsen och serverar med yoghurt och saltgurka, nyttigt och klart.

30. Malva (Khuzaibah)

INGREDIENSER:
- En eller två klasar färska malvablad (ostgräs)
- 1 lök
- olivolja
- Vetemjöl eller vanligt mjölsalt
- svartpeppar
- Stark sås
- Finhackad röd paprika
- kokande vatten

INSTRUKTIONER:
a) Plocka bladen försiktigt, ta bort eventuella stjälkar.
b) Koka vatten. När du kokar, släpp malvabladen i vattnet. Rör om tills de är platta.
c) Detta nästa steg kräver en gräsklippare eller omrörare, som är en träpinne med flera hål. Små träpinnar sticker ut ur hålen. Använd verktyget och rör om malvabladen. Ann äggvisp kan användas för samma ändamål, men det är också möjligt att avstå från omröraren eller vispen och bara använda en träslev
d) Efter att malva smält och bladen faller isär, häll lite vatten på mjölet och rör om tills det bildar små degklumpar.
e) Lägg på den kokta khubaizeh , krydda med salt och svartpeppar; tillsätt hackad röd paprika och en sked röd chilisås.
f) Låt den stå på låg värme tills degen är helt mogen.
g) Skär löken i små bitar och stek i olivolja tills de blir lite röda, tillsätt sedan blandningen av lök och olja i khubaizah och koka lite.
h) Serveras varm med färskt bröd, citron, varm sås och saltgurka och den kan även serveras i form av Fattah (hackat bröd med kokt malgsoppa över).

31. Fylld zucchini (Mahshi Kpusa)

INGREDIENSER:
- 1 pund gräsmatad lamm- eller nötkött eller fjäderfä
- 2,5 koppar kortkornigt vitt ris sköljt (se anmärkning)
- 1 tsk kanel
- 1 tsk mald kryddpeppar
- 1/4 tsk muskotnöt
- 1/4 tsk mald kardemumma
- Salt och svartpeppar efter smak
- 4 msk olivolja (delad)

GRÖNSAKER
- 12-14 (cirka 4 pund) små zucchini, cirka 5-6 tum långa och 1
- till 2 tum i diameter
- Salta och peppra efter smak

SÅS
- 2 dl kycklingbuljong jag använder bara vatten det är helt okej (tillräckligt för att sänka grönsakerna)
- 28 oz krossade tomater
- 1 msk tomatpuré
- 4 pund färska tomater.
- 3 vitlöksklyftor
- lagerblad

INSTRUKTIONER:

a) Först vill du kärna ur dessa zucchinis. Du kan enkelt hitta zucchinikärnor online och i de flesta mataffärer i Mellanöstern.

b) Detta är en fantastisk teknik att lära sig och öva på eftersom den används i så många fyllda grönsaker. Må inte dåligt om du bryter få. Det kräver övning. Skär först av stjälkarna. Du skulle behöva ett specialverktyg som en äppelkärna för att göra jobbet enklare. Fortsätt bara att kärna ur dem, som att skära en pumpa tills du har väggarna till cirka 1/8 tum tjocka och du nått botten. Du kommer att göra detta steg några gånger tills du skrapar och helgar zucchinin och ger tillräckligt med utrymme för fyllningen. Var noga med att inte sticka hål i dem om möjligt. Om du har en äppelkärna använd den. Kassera inte fruktköttet. Du kan enkelt laga den ensam med kryddor eller med ägg och äta den med färskt bröd.

c) Skölj riset några gånger i kallt vatten tills vattnet blir klart. Detta kommer att ta bort en del av stärkelsen i riset och skapa en fluffigare fyllning.
d) Sautera köttet: (valfritt) eller så kan du bara lägga till ett rått kött till det sköljda riset.
e) I en tjockbottnad stekpanna, värm oljan, tillsätt köttet och kryddorna. Fräs tills den fått lite färg och smulas sönder. Du behöver inte tillaga köttet hela vägen eftersom det blir färdigkokt i såsen.
f) Ta fram en fin djup skål och blanda ihop alla fyllningsingredienser tills det är väl blandat. (eller så kan du använda mina händer för detta.)
g) Fyll försiktigt zucchinin med blandningen med fingrarna. Överfyll dem inte! Fyll bara cirka ¾ av kousan med fyllningen och packa inte in den. Lämna plats för riset att expandera under tillagningen.
h) I en stor, tjockbottnad gryta, tillsätt de ytterligare 2 msk olivolja och fräs zucchinimassan (insidan av zucchinin) med vitlöksklyftorna. Blanda ingredienserna till såsen och låt koka upp under omrörning. Sänk sedan värmen och låt puttra i några minuter så att smakerna smälter samman. Smaka av för smaksättning. Flyt försiktigt den fyllda zucchinin i buljongen och låt puttra (se till att buljongen täcker zucchinin) i 50-60 minuter tills riset är kokt och zucchinin är mör.
i) Kontrollera då och då under tillagningen och om såsen behöver mer buljong eller vatten, tillsätt den. Servera i djupa skålar, med tomatsåsen på toppen. Sahtain ! Vilket är arabiska för "bon appétit", vilket bokstavligen översätts till "Två hälsar för dig.

32.Fylld kål (Mahshi Malfouf)

INGREDIENSER:
- 1 stort huvud vitkål
- 2 hela vitlökhuvuden
- 2 pund lammkotletter eller lamm på benet till botten av grytan
- Citronsaft och citronskivor till servering.
- 3 koppar kortkornigt ris, kokt
- 4 pressade vitlöksklyftor
- Salt och peppar
- 2 tsk mald kryddpeppar
- 1 tsk spiskummin
- 1/2 tsk kanel
- 1/4 tsk muskotnöt
- 2 msk olivolja
- 1 pund malet kött (lamm, nötkött, mald kyckling eller kalkon (helst mörkt kött inte bröst).

INSTRUKTIONER:
a) Ta bort kärnan från kålen.
b) Koka hela kålhuvudet i en stor gryta tills bladen är mjuka och följsamma.
c) Dra försiktigt bort bladen ett efter ett.
d) Kombinera ris, malet kött, pressad vitlök, salt, peppar, mald kryddpeppar, spiskummin, kanel, muskotnöt och olivolja i en blandningsskål.
e) Blanda ingredienserna noggrant.
f) Lägg en sked av fyllningsblandningen på varje kålblad.
g) Vik sidorna av kålbladet över fyllningen och rulla ihop det hårt till en fylld kålrulle.
h) Klä botten av en stor gryta med lammkotletter eller lamm på benet.
i) Lägg de fyllda kålrullarna ovanpå lammet, skapa lager.
j) Pressa vitlökshuvudena något för att släppa lite smak och lägg dem bland de fyllda kålrullarna.
k) Tillsätt tillräckligt med vatten för att täcka de fyllda kålrullarna.
l) Sjud på låg värme tills riset är kokt och smakerna smälter samman.
m) När de är kokta, servera de fyllda kålrullarna med citronskivor och en klick citronsaft.

33.Qalayet Banadora (Tomatgryta)

INGREDIENSER:
- 4 stora tomater, tärnade
- 1 lök, finhackad
- 3 vitlöksklyftor, hackade
- 2 matskedar olivolja
- 1 tsk mald koriander
- 1 tsk malen spiskummin
- Salta och peppra efter smak
- Färsk persilja till garnering

INSTRUKTIONER:
a) Fräs den hackade löken och den hackade löken i en panna i olivolja tills den mjuknat.
b) Tillsätt tärnade tomater i pannan och koka tills de släpper saften.
c) Krydda med mald koriander, spiskummin, salt och peppar. Blanda väl.
d) Sjud grytan tills tomaterna är helt genomkokta och såsen tjocknar.
e) Garnera med färsk persilja innan servering.

34. Inlagd grön oliv

INGREDIENSER:
- 2 koppar gröna oliver
- 1 kopp vatten
- 1 kopp vit vinäger
- 1 matsked salt
- 2 vitlöksklyftor, krossade
- 1 tsk korianderfrön
- 1 tsk fänkålsfrön
- 1 tsk röd paprikaflingor (valfritt)

INSTRUKTIONER:
a) Skölj och låt rinna av de gröna oliverna.
b) I en kastrull, kombinera vatten, vinäger, salt, vitlök, korianderfrön, fänkålsfrön och rödpepparflingor (om du använder). Koka upp.
c) Tillsätt de gröna oliverna till den kokande blandningen och låt sjuda i 5-10 minuter.
d) Låt blandningen svalna och överför sedan oliverna och vätskan till en steriliserad burk.
e) Förslut burken och ställ i kylen i minst 24 timmar innan den konsumeras.

35. Moussaka

INGREDIENSER:
- 2 stora auberginer, skivade
- 1 pund malet lamm eller nötkött
- 1 lök, finhackad
- 3 vitlöksklyftor, hackade
- 2 stora tomater, tärnade
- 1/2 kopp tomatpuré
- 1 tsk mald kanel
- Salta och peppra efter smak
- Olivolja till stekning

INSTRUKTIONER:
a) Salta aubergineskivorna och låt dem sitta i 30 minuter för att få bort överflödig fukt. Skölj och klappa torrt.
b) Värm olivolja i en panna och stek aubergineskivorna tills de är gyllene. Avsätta.
c) Tillaga köttfärs, hackad lök och hackad vitlök i samma panna tills det får färg.
d) Tillsätt tärnade tomater, tomatpuré, mald kanel, salt och peppar. Koka tills blandningen tjocknar.
e) I en ugnsform, varva de stekta aubergineskivorna och köttblandningen.
f) Grädda i en förvärmd ugn vid 350°F (175°C) i cirka 30 minuter eller tills det är bubbligt.

36.Lins- och pumpasoppa

INGREDIENSER:
- 1 dl röda linser
- 2 koppar tärnad pumpa
- 1 lök, hackad
- 3 vitlöksklyftor, hackade
- 1 tsk malen spiskummin
- 1 tsk mald koriander
- 6 dl grönsaksbuljong
- Salta och peppra efter smak
- Olivolja till stekning

INSTRUKTIONER:
a) Fräs hackad lök och hackad vitlök i en gryta i olivolja tills den är mjuk.
b) Tillsätt tärnad pumpa, röda linser, mald spiskummin, mald koriander, salt och peppar. Blanda väl.
c) Häll i grönsaksbuljongen och låt koka upp. Sänk värmen och låt puttra tills linser och pumpa är mjuka.
d) Använd en stavmixer för att puréa soppan till önskad konsistens.
e) Justera krydda om det behövs och servera varm.

37.Kryddig Gazan fisk

INGREDIENSER:
- 4 fiskfiléer (som havsabborre eller havabborre)
- 2 matskedar olivolja
- 1 lök, finhackad
- 3 vitlöksklyftor, hackade
- 2 tomater, tärnade
- 1 tsk malen spiskummin
- 1 tsk mald koriander
- 1 tsk paprika
- 1/2 tsk cayennepeppar
- Salta och peppra efter smak
- Färsk koriander till garnering

INSTRUKTIONER:

a) Fräs hackad lök och hackad vitlök i en panna i olivolja tills den mjuknat.

b) Tillsätt tärnade tomater, mald spiskummin, mald koriander, paprika, cayennepeppar, salt och peppar. Koka tills tomaterna bryts ner.

c) Krydda fiskfiléerna med salt och peppar och lägg dem sedan i pannan med tomatblandningen.

d) Koka fisken tills den är ogenomskinlig och lätt flagad med en gaffel.

e) Garnera med färsk koriander innan servering.

38.Räkskål

INGREDIENSER:
- 1 pund stora räkor, skalade och deveirade
- 2 koppar kokt ris
- 1 paprika, skivad
- 1 zucchini, skivad
- 1 lök, skivad
- 3 vitlöksklyftor, hackade
- 2 matskedar olivolja
- 1 tsk malen spiskummin
- 1 tsk rökt paprika
- Salta och peppra efter smak
- Färska citronklyftor till servering

INSTRUKTIONER:
a) Fräs skivad paprika, zucchini och lök i en panna i olivolja tills de är mjuka.
b) Tillsätt hackad vitlök, mald spiskummin, rökt paprika, salt och peppar. Blanda väl.
c) Tillsätt räkor i pannan och koka tills de blir rosa och ogenomskinliga.
d) Servera räkor- och grönsaksblandningen över kokt ris.
e) Pressa färsk citronsaft över rätten innan servering.

39. Spenatpajer

INGREDIENSER:
- 2 dl hackad spenat
- 1 dl smulad fetaost
- 1 lök, finhackad
- 2 matskedar olivolja
- Salta och peppra efter smak
- 1 paket färdigbakad deg

INSTRUKTIONER:
a) Fräs hackad lök i en panna i olivolja tills den är mjuk.
b) Tillsätt hackad spenat och koka tills den vissnat. Krydda med salt och peppar.
c) Ta bort från värmen och låt det svalna. Rör ner smulad fetaost.
d) Kavla ut degen och skär i cirklar. Lägg en sked av spenatblandningen i mitten.
e) Vik degen över fyllningen till en halvmåneform. Täta kanterna.
f) Grädda enligt degens anvisningar eller tills de är gyllenbruna.

40.Musakhan

INGREDIENSER:
- 4 kycklinglår
- 1 stor lök, tunt skivad
- 1/4 kopp olivolja
- 1 tsk mald sumak
- 1 tsk malen spiskummin
- 1 tsk mald koriander
- Salta och peppra efter smak
- Palestinskt tunnbröd (taboon eller vilket tunnbröd som helst)
- Hackad persilja och rostade pinjenötter till garnering

INSTRUKTIONER:
a) Värm ugnen till 400°F (200°C).
b) Krydda kycklinglåren med sumak, spiskummin, koriander, salt och peppar.
c) Värm olivolja i en stekpanna och fräs skivad lök tills den är karamelliserad.
d) Tillsätt kryddade kycklinglår i stekpannan och bryn på båda sidor.
e) Lägg kycklingen och löken på tunnbrödet. Ringla över olivolja.
f) Grädda i ugnen tills kycklingen är genomstekt.
g) Garnera med hackad persilja och rostade pinjenötter före servering.

41.Timjan Mutabbaq

INGREDIENSER:
- 2 dl färska timjanblad
- 1/2 kopp olivolja
- Salt att smaka
- Palestinsk tunnbrödsdeg eller färdiga ark

INSTRUKTIONER:
a) Värm ugnen till 375°F (190°C).
b) Blanda färska timjanblad med olivolja och salt i en skål.
c) Kavla ut tunnbrödsdegen eller använd färdiga plåtar.
d) Fördela timjanblandningen jämnt på hälften av degen och vik över den andra halvan, täta kanterna.
e) Grädda i ugnen tills den är gyllenbrun och krispig.

42. Malfouf

INGREDIENSER:
- Kålblad
- 1 dl ris, sköljt
- 1/2 pund malet lamm eller nötkött
- 1 lök, finhackad
- 2 msk tomatpuré
- 2 matskedar olivolja
- 1 tsk mald kanel
- Salta och peppra efter smak
- Citronklyftor till servering

INSTRUKTIONER:
a) Koka kålblad tills de är mjuka. Häll av och ställ åt sidan.
b) Fräs hackad lök i olivolja i en stekpanna tills den är genomskinlig.
c) Tillsätt köttfärs och koka tills det fått färg. Rör ner tomatpuré, kanel, salt och peppar.
d) Lägg en sked av köttblandningen i varje kålblad och rulla hårt.
e) Lägg de fyllda kålbladen i en kastrull. Tillsätt tillräckligt med vatten för att täcka.
f) Sjud på svag värme tills riset är kokt och kålrullarna mjuka.
g) Servera med citronklyftor.

43.Al Qidra Al Khaliliya

INGREDIENSER:
- 2 dl basmatiris
- 1/2 kopp klarat smör (ghee)
- 1 stor lök, tunt skivad
- 1,5 lbs lamm eller kyckling, skuren i bitar
- 1/2 kopp kikärter, blötlagda över natten
- 1/2 kopp hela mandlar
- 1/2 kopp russin
- 1 tsk mald kanel
- 1 tsk mald kryddpeppar
- Salta och peppra efter smak
- 4 dl kyckling- eller nötbuljong

INSTRUKTIONER:
a) Skölj riset och blötlägg det i vatten i 30 minuter. Dränera.
b) Smält klarnat smör i en stor gryta på medelvärme. Lägg i skivad lök och stek tills den är gyllenbrun.
c) Lägg i köttbitar och bryn dem på alla sidor.
d) Rör ner blötlagda kikärter, mandel, russin, kanel, kryddpeppar, salt och peppar.
e) Tillsätt det avrunna riset i grytan och blanda väl.
f) Häll i kyckling- eller nötbuljongen och låt koka upp. Sänk värmen, täck och låt sjuda tills riset är kokt och vätskan absorberas.
g) Låt det vila några minuter och fluffa sedan riset med en gaffel.
h) Servera varm, garnerad med ytterligare mandel och russin om så önskas.

44.Rissole: Köttfärs

INGREDIENSER:

- 1 lb köttfärs (nötkött, lamm eller en blandning)
- 1 lök, finhackad
- 2 vitlöksklyftor, hackade
- 1/2 kopp ströbröd
- 1/4 kopp mjölk
- 1 ägg
- 1 tsk malen spiskummin
- 1 tsk paprika
- Salta och peppra efter smak
- Mjöl för beläggning
- Vegetabilisk olja för stekning

INSTRUKTIONER:

a) I en skål, kombinera köttfärs, hackad lök, hackad vitlök, ströbröd, mjölk, ägg, mald spiskummin, paprika, salt och peppar. Blanda tills det är väl blandat.
b) Forma blandningen till små biffar eller bollar.
c) Rulla varje biff i mjöl för att täcka jämnt.
d) Värm vegetabilisk olja i en panna på medelvärme.
e) Stek biffarna tills de är gyllenbruna på båda sidor och genomstekta.
f) Låt rinna av på hushållspapper för att få bort överflödig olja.
g) Servera varm med din favoritdippsås.

45. Mejadra

INGREDIENSER:
- 1¼ koppar / 250 g gröna eller bruna linser
- 4 medelstora lökar (1½ lb / 700 g före skalning)
- 3 msk universalmjöl
- ca 1 kopp / 250 ml solrosolja
- 2 tsk spiskummin
- 1½ msk korianderfrön
- 1 kopp / 200 g basmatiris
- 2 msk olivolja
- ½ tsk mald gurkmeja
- 1½ tsk mald kryddpeppar
- 1½ tsk mald kanel
- 1 tsk socker
- 1½ koppar / 350 ml vatten
- salt och nymalen svartpeppar

INSTRUKTIONER

a) Lägg linserna i en liten kastrull, täck med mycket vatten, koka upp och koka i 12 till 15 minuter, tills linserna har mjuknat men fortfarande har en liten bit. Häll av och ställ åt sidan.

b) Skala löken och skiva tunt. Lägg på en stor platt tallrik, strö över mjölet och 1 tsk salt och blanda väl med händerna. Hetta upp solrosoljan i en medeltjockbottnad kastrull placerad på hög värme. Se till att oljan är varm genom att slänga i en liten bit lök; det ska fräsa kraftigt. Sänk värmen till medelhög och tillsätt försiktigt (det kan spottas!) en tredjedel av den skivade löken. Stek i 5 till 7 minuter, rör om då och då med en hålslev, tills löken får en fin gyllenbrun färg och blir krispig (justera temperaturen så att löken inte steker för snabbt och bränns). Använd sked för att överföra löken till ett durkslag klätt med hushållspapper och strö över lite mer salt. Gör samma sak med de andra två satserna av lök; tillsätt lite extra olja om det behövs.

c) Torka rent kastrullen som du stekt löken i och lägg i spiskummin och korianderfröna. Sätt på medelvärme och rosta fröna i en minut eller två. Tillsätt ris, olivolja, gurkmeja, kryddpeppar, kanel, socker, ½ tesked salt och mycket svartpeppar. Rör om så att riset täcks med oljan och tillsätt sedan de kokta linserna och vattnet. Koka upp, täck med lock och låt sjuda på mycket låg värme i 15 minuter.

d) Ta av från värmen, lyft av locket och täck snabbt pannan med en ren kökshandduk. Förslut tätt med lock och ställ åt sidan i 10 minuter.

e) Tillsätt till sist hälften av den stekta löken till riset och linserna och rör om försiktigt med en gaffel. Lägg blandningen i en grund serveringsskål och toppa med resten av löken.

46.Na'ama är fet

INGREDIENSER:

- 1 kopp / 200 g grekisk yoghurt och ¾ kopp plus 2 msk / 200 ml helmjölk, eller 1⅓ koppar / 400 ml kärnmjölk (ersätter både yoghurt och mjölk)
- 2 stora gamla turkiska tunnbröd eller naan (9 oz / 250 g totalt)
- 3 stora tomater (13 oz / 380 g totalt), skurna i 1,5 cm tärningar
- 3½ oz / 100 g rädisor, tunt skivade
- 3 libanesiska eller minigurkor (9 oz / totalt 250 g), skalade och hackade i 1,5 cm tärningar
- 2 salladslökar, tunt skivade
- ½ oz / 15 g färsk mynta
- 1 oz / 25 g plattbladig persilja, grovt hackad
- 1 msk torkad mynta
- 2 vitlöksklyftor, krossade
- 3 msk färskpressad citronsaft
- ¼ kopp / 60 ml olivolja, plus extra att ringla över
- 2 msk cider- eller vitvinsvinäger
- ¾ tsk nymalen svartpeppar
- 1½ tsk salt
- 1 msk sumac eller mer efter smak, till garnering

INSTRUKTIONER:

a) Om du använder yoghurt och mjölk, börja minst 3 timmar och upp till en dag i förväg genom att lägga båda i en skål. Vispa väl och låt stå svalt eller i kylen tills det bildas bubblor på ytan. Det du får är en slags hemgjord kärnmjölk, men mindre syrlig.

b) Riv brödet i lagom stora bitar och lägg i en stor bunke. Tillsätt din fermenterade yoghurtblandning eller kommersiell kärnmjölk, följt av resten av ingredienserna, blanda väl och låt stå i 10 minuter för att alla smaker ska kombineras.

c) Häll upp fattoushen i serveringsskålar, ringla över lite olivolja och garnera generöst med sumak.

47.Babyspenatsallad med dadlar & mandel

INGREDIENSER:

- 1 msk vitvinsvinäger
- ½ medelstor rödlök, tunt skivad
- 3½ oz / 100 g urkärnade Medjool-dadlar, i fjärdedelar på längden
- 2 msk / 30 g osaltat smör
- 2 msk olivolja
- 2 små pitor, cirka 100 g, grovt rivna i 4 cm bitar
- ½ kopp / 75 g hel osaltad mandel, grovt hackad
- 2 tsk sumak
- ½ tsk chiliflakes
- 5 oz / 150 g babyspenatblad
- 2 msk färskpressad citronsaft
- salt

INSTRUKTIONER:

a) Lägg vinäger, lök och dadlar i en liten skål. Tillsätt en nypa salt och blanda väl med händerna. Låt marinera i 20 minuter, häll sedan av eventuell restvinäger och kassera.

b) Värm under tiden smöret och hälften av olivoljan i en medelstor stekpanna på medelvärme. Tillsätt pitabröd och mandel och låt koka i 4 till 6 minuter, rör hela tiden, tills pitan är knaprig och gyllenbrun. Ta av från värmen och blanda i sumak, chiliflakes och ¼ tesked salt. Ställ åt sidan för att svalna.

c) När du är redo att servera, släng spenatbladen med pitabrödblandningen i en stor mixerskål. Tillsätt dadlarna och rödlöken, den återstående olivoljan, citronsaften och ytterligare en nypa salt. Smaka av med smaksättning och servera genast.

48. Rostad butternut squash med za'atar

INGREDIENSER:

- 1 stor butternut squash (2½ lb / 1,1 kg totalt), skuren i ¾ gånger 2½ tum / 2 gånger 6 cm klyftor
- 2 rödlökar, skurna i 1¼-tums / 3 cm klyftor
- 3½ msk / 50 ml olivolja
- 3½ msk ljus tahinipasta
- 1½ msk citronsaft
- 2 msk vatten
- 1 liten vitlöksklyfta, krossad
- 3½ msk / 30 g pinjenötter
- 1 msk za'atar
- 1 msk grovt hackad plattbladspersilja
- Maldon havssalt och nymalen svartpeppar

INSTRUKTIONER:

a) Värm ugnen till 475°F / 240°C.

b) Lägg squashen och löken i en stor bunke, tillsätt 3 matskedar av oljan, 1 tsk salt och lite svartpeppar och blanda väl. Bred ut på en plåt med skinnet nedåt och rosta i ugnen i 30 till 40 minuter, tills grönsakerna har fått lite färg och är genomstekta. Håll ett öga på löken eftersom den kan koka snabbare än squashen och måste tas bort tidigare. Ta ut ur ugnen och låt svalna.

c) För att göra såsen, placera tahinin i en liten skål tillsammans med citronsaft, vatten, vitlök och ¼ tesked salt. Vispa tills såsen är konsistensen av honung, tillsätt mer vatten eller tahini om det behövs.

d) Häll resterande 1½ tsk olja i en liten stekpanna och ställ över medelhög värme. Tillsätt pinjenötterna tillsammans med ½ tsk salt och koka i 2 minuter, rör ofta, tills nötterna är gyllenbruna. Ta av från värmen och överför nötterna och oljan till en liten skål för att stoppa tillagningen.

e) För att servera, bred ut grönsakerna på ett stort serveringsfat och ringla över tahinin. Strö pinjenötterna och deras olja ovanpå, följt av za'atar och persilja.

49. Blandad bönsallad

INGREDIENSER:
- 10 oz / 280 g gula bönor, putsade (om det inte finns, dubbelt så mycket gröna bönor)
- 10 oz / 280 g gröna bönor, putsade
- 2 röda paprikor, skurna i 0,5 cm remsor
- 3 msk olivolja, plus 1 tsk till paprikan
- 3 vitlöksklyftor, tunt skivade
- 6 msk / 50 g kapris, sköljd och klappad torr
- 1 tsk spiskummin
- 2 tsk korianderfrön
- 4 salladslökar, tunt skivade
- ⅓ kopp / 10 g dragon, grovt hackad
- ⅔ kopp / 20 g plockade körvelblad (eller en blandning av plockad dill och strimlad persilja)
- rivet skal av 1 citron
- salt och nymalen svartpeppar

INSTRUKTIONER:
a) Värm ugnen till 450°F / 220°C.
b) Koka upp en stor kastrull med mycket vatten och tillsätt de gula bönorna. Efter 1 minut, tillsätt haricots verts och koka i ytterligare 4 minuter, eller tills bönorna är genomstekta men fortfarande krispiga. Uppdatera under iskallt vatten, låt rinna av, klappa torrt och lägg i en stor blandningsskål.
c) Under tiden, släng paprikorna i 1 tsk av oljan, bred ut på en plåt och ställ in i ugnen i 5 minuter, eller tills de är mjuka. Ta ut ur ugnen och lägg i skålen med de kokta bönorna.
d) Hetta upp 3 msk olivolja i en liten kastrull. Tillsätt vitlöken och koka i 20 sekunder; tillsätt kapris (försiktigt, de spottar!) och fräs ytterligare 15 sekunder. Tillsätt spiskummin och korianderfröna och fortsätt steka i ytterligare 15 sekunder. Vitlöken borde ha blivit gyllene vid det här laget. Ta av från värmen och häll omedelbart innehållet i pannan över bönorna. Kasta och tillsätt salladslöken, örterna, citronskalet, en generös ¼ tesked salt och svartpeppar.
e) Servera, eller förvara i kyl upp till ett dygn. Kom bara ihåg att ta tillbaka till rumstemperatur innan servering.

50. Rotfruktssallad med labneh

INGREDIENSER:

- 3 medelstora rödbetor (1 lb / 450 g totalt)
- 2 medelstora morötter (9 oz / 250 g totalt)
- ½ rotselleri (10 oz / totalt 300 g)
- 1 medelstor kålrabbi (9 oz / 250 g totalt)
- 4 msk färskpressad citronsaft
- 4 msk olivolja
- 3 msk sherryvinäger
- 2 tsk superfint socker
- ¾ kopp / 25 g korianderblad, grovt hackade
- ¾ kopp / 25 g myntablad, strimlad
- ⅔ kopp / 20 g plattbladiga bladpersilja, grovt hackade
- ½ msk rivet citronskal
- 1 kopp / 200 g labneh (köpt i butik eller se recept)
- salt och nymalen svartpeppar
- Skala alla grönsaker och skiva dem tunt, ca 1/16 liten het chili , finhackad

INSTRUKTIONER:

a) Häll citronsaft, olivolja, vinäger, socker och 1 tsk salt i en liten kastrull. Låt sjuda försiktigt och rör om tills sockret och saltet har lösts upp. Ta bort från värmen.

b) Låt grönsaksremsorna rinna av och lägg över på en pappershandduk för att torka väl. Torka skålen och byt ut grönsakerna. Häll den varma dressingen över grönsakerna, blanda väl och låt svalna. Ställ in i kylen i minst 45 minuter.

c) När du är redo att servera, tillsätt örter, citronskal och 1 tsk svartpeppar till salladen. Rör om väl, smaka av och tillsätt mer salt om det behövs. Lägg upp på serveringsfat och servera med lite labneh vid sidan om.

51.Stekta tomater med vitlök

INGREDIENSER:
- 3 stora vitlöksklyftor, krossade
- ½ liten varm chili, finhackad
- 2 msk hackad plattbladspersilja
- 3 stora, mogna men fasta tomater (totalt ca 450 g)
- 2 msk olivolja
- Maldon havssalt och nymalen svartpeppar
- rustikt bröd, att servera

INSTRUKTIONER:

a) Blanda vitlök, chili och hackad persilja i en liten skål och ställ åt sidan. Toppa tomaterna och skär dem vertikalt i skivor ca 1,5 cm tjocka.

b) Hetta upp oljan i en stor stekpanna på medelvärme. Lägg i tomatskivorna, smaka av med salt och peppar och koka i ca 1 minut, vänd sedan, krydda igen med salt och peppar och strö över vitlöksblandningen. Fortsätt att koka i ytterligare en minut eller så, skaka pannan då och då, vänd sedan skivorna igen och koka ytterligare några sekunder, tills de är mjuka men inte mosiga.

c) Vänd upp tomaterna på ett serveringsfat, häll över saften från pannan och servera genast tillsammans med brödet.

52. Stekt blomkål med tahini

INGREDIENSER:
- 2 koppar / 500 ml solrosolja
- 2 medelstora blomkålshuvuden (2¼ lb / 1 kg totalt), uppdelad i små buketter
- 8 salladslökar, var och en uppdelad i 3 långa segment
- ¾ kopp / 180 g lätt tahinipasta
- 2 vitlöksklyftor, krossade
- ¼ kopp / 15 g plattbladig persilja, hackad
- ¼ kopp / 15 g hackad mynta, plus extra för att avsluta
- ⅔ kopp / 150 g grekisk yoghurt
- ¼ kopp / 60 ml färskpressad citronsaft, plus rivet skal av 1 citron
- 1 tsk granatäpplemelass, plus extra till avslutning
- ca ¾ kopp / 180 ml vatten
- Maldon havssalt och nymalen svartpeppar

INSTRUKTIONER:

a) Hetta upp solrosoljan i en stor kastrull placerad på medelhög värme. Använd en metalltång eller en metallsked, lägg försiktigt några blomkålsbuketter åt gången i oljan och koka dem i 2 till 3 minuter, vänd på dem så att de får jämn färg. När de är gyllenbruna, använd en hålslev för att lyfta buketter i ett durkslag för att rinna av. Strö över lite salt. Fortsätt i omgångar tills du är klar med all blomkål. Stek sedan salladslöken i omgångar men i bara cirka 1 minut. Lägg till blomkålen. Låt båda svalna lite.

b) Häll tahinipasta i en stor mixerskål och tillsätt vitlök, hackade örter, yoghurt, citronsaft och skal, granatäpplemelass och lite salt och peppar. Rör om väl med en träslev när du tillsätter vattnet. Tahinisåsen tjocknar och lossnar sedan när du tillsätter vatten. Tillsätt inte för mycket, precis tillräckligt för att få en tjock men jämn, hållbar konsistens, lite som honung.

c) Tillsätt blomkålen och salladslöken till tahinin och rör om väl. Smaka av och justera kryddningen. Du kanske också vill lägga till mer citronsaft.

d) För att servera, häll upp i en serveringsskål och avsluta med några droppar granatäpplemelass och lite mynta.

53.Tabbouleh

INGREDIENSER:
- ½ kopp / 30 g fint bulgurvete
- 2 stora tomater, mogna men fasta (10½ oz / totalt 300 g)
- 1 schalottenlök, finhackad (3 msk / totalt 30 g)
- 3 msk färskpressad citronsaft, plus lite extra som avslutning
- 4 stora knippen bladpersilja (5½ oz / totalt 160 g)
- 2 knippen mynta (1 oz / 30 g totalt)
- 2 tsk mald kryddpeppar
- 1 tsk baharat kryddblandning (köpt i butik eller se recept)
- ½ kopp / 80 ml olivolja av högsta kvalitet
- frön av cirka ½ stort granatäpple (½ kopp / 70 g totalt), valfritt
- salt och nymalen svartpeppar

INSTRUKTIONER:

a) Lägg bulguren i en fin sil och kör under kallt vatten tills vattnet som kommer igenom ser klart ut och det mesta av stärkelsen har tagits bort. Överför till en stor blandningsskål.

b) Använd en liten tandad kniv för att skära tomaterna i skivor ¼ tum / 0,5 cm tjocka. Skär varje skiva i ¼-tums/0,5 cm remsor och sedan i tärningar. Tillsätt tomaterna och deras juice i skålen, tillsammans med schalottenlök och citronsaft och rör om väl.

c) Ta några kvistar persilja och packa ihop dem tätt. Använd en stor, mycket vass kniv för att klippa bort de flesta stjälkarna och kassera. Använd nu kniven för att flytta upp stjälkarna och bladen, gradvis "mata" kniven för att strimla persiljan så fint du kan och försök att undvika att skära bitar bredare än 1/16 tum / 1 mm. Lägg till i skålen.

d) Plocka myntabladen från stjälkarna, packa ihop några tätt och strimla dem fint som du gjorde persiljan; hacka inte upp dem för mycket eftersom de tenderar att missfärgas. Lägg till i skålen.

e) Tillsätt slutligen kryddpeppar, baharat , olivolja, granatäpple, om du använder det, samt lite salt och peppar. Smaka av och tillsätt mer salt och peppar om du vill, eventuellt lite citronsaft, och servera.

54. Sabih

INGREDIENSER:
- 2 stora auberginer (cirka 1⅔ lb / 750 g totalt)
- ca 1¼ koppar / 300 ml solrosolja
- 4 skivor vitt bröd av god kvalitet, rostat, eller färska och fuktiga mini pitas
- 1 kopp / 240 ml Tahinisås
- 4 stora frigående ägg, hårdkokta, skalade och skurna i 1 cm tjocka skivor eller i fjärdedelar
- ca 4 msk Zhoug
- amba eller salta mango pickle (valfritt)
- salt och nymalen svartpeppar

HACKAD SALLAD
- 2 medelmogna tomater, skurna i 1 cm tärningar (cirka 1 kopp / 200 g totalt)
- 2 minigurkor, skurna i 1 cm tärningar (cirka 1 kopp / 120 g totalt)
- 2 salladslökar, tunt skivade
- 1½ msk hackad plattbladspersilja
- 2 tsk färskpressad citronsaft
- 1½ msk olivolja

INSTRUKTIONER:
a) Använd en grönsaksskalare för att skala bort remsor av aubergineskal från topp till botten, lämna auberginema med omväxlande remsor av svart skal och vitt kött, zebralikt . Skär båda auberginema på bredd i skivor 1 tum / 2,5 cm tjocka. Strö dem på båda sidor med salt, sprid sedan ut dem på en plåt och låt stå i minst 30 minuter för att få bort lite vatten. Använd pappershanddukar för att torka av dem.
b) Hetta upp solrosoljan i en vid stekpanna. Stek aubergineskivorna försiktigt – oljan spottar – i omgångar tills de är fina och mörka, vänd en gång, totalt 6 till 8 minuter . Tillsätt olja om det behövs när du tillagar satserna. När de är klara ska auberginebitarna vara helt möra i mitten. Ta bort från pannan och låt rinna av på hushållspapper.
c) Gör den hackade salladen genom att blanda ihop alla ingredienser och smaka av med salt och peppar.
d) Precis innan servering, lägg 1 skiva bröd eller pitabröd på varje tallrik. Skeda 1 matsked av tahinisåsen över varje skiva, arrangera sedan aubergineskivorna ovanpå, överlappande. Ringla över lite mer tahini men utan att helt täcka aubergineskivorna. Krydda varje äggskiva med salt och peppar och lägg över auberginen. Ringla lite mer tahini på toppen och skeda över så mycket zhoug du vill; var försiktig, det är varmt! Skeda över mangopicka också, om du vill. Servera grönsakssalladen vid sidan av, sked lite ovanpå varje portion om så önskas.

SOPPAR

55. Bissara (Fava bönsoppa)

INGREDIENSER:
- 2 koppar torkade favabönor, blötlagda över natten
- 1 lök, finhackad
- 3 vitlöksklyftor, hackade
- 1/4 kopp olivolja
- 1 tsk spiskummin
- Salta och peppra efter smak
- Citronklyftor till servering

INSTRUKTIONER:
a) Häll av och skölj de blötlagda favabönorna.
b) Fräs den hackade löken och vitlöken i en stor gryta i olivolja tills de är gyllene.
c) Tillsätt favabönorna i grytan och täck med vatten.
d) Koka upp, sänk sedan värmen och låt puttra tills bönorna är mjuka (ca 1-2 timmar).
e) Använd en mixer eller stavmixer för att puréa soppan tills den är slät.
f) Tillsätt spiskummin, salt och peppar efter smak. Justera konsistensen med vatten om det behövs.
g) Servera varm med en klick olivolja och citronklyftor.

56.Shorbat Adas (linssoppa)

INGREDIENSER:
- 1 dl röda linser, sköljda
- 1 stor lök, finhackad
- 2 morötter, tärnade
- 2 vitlöksklyftor, hackade
- 1 tsk malen spiskummin
- 1 tsk mald koriander
- 6 dl grönsaks- eller kycklingbuljong
- Olivolja
- Salta och peppra efter smak
- Citronklyftor till servering

INSTRUKTIONER:
a) Fräs lök och vitlök i en gryta i olivolja tills de mjuknat.
b) Tillsätt linser, morötter, spiskummin, koriander, salt och peppar. Rör om för att kombinera.
c) Häll i buljongen och låt koka upp. Sänk värmen och låt puttra tills linserna är mjuka.
d) Mixa soppan om du föredrar en slätare konsistens. Servera med en skvätt citron.

57. Shorbat Freekeh (Freekeh Soup)

INGREDIENSER:
- 1 kopp freekeh, sköljd
- 1 lb lamm eller kyckling, i tärningar
- 1 lök, finhackad
- 2 morötter, tärnade
- 2 matskedar olivolja
- 6 dl vatten eller buljong
- Salta och peppra efter smak
- Färsk persilja till garnering

INSTRUKTIONER:
a) Fräs löken i olivolja i en kastrull tills den är genomskinlig. Tillsätt kött och bryn.
b) Tillsätt freekeh, morötter, salt och peppar. Blanda väl.
c) Häll i vatten eller buljong och låt koka upp. Sänk värmen och låt sjuda tills freekeh är kokt.
d) Garnera med färsk persilja innan servering.

58.Shorbat Khodar (grönsakssoppa)

INGREDIENSER:
- 1 zucchini, tärnad
- 2 morötter, tärnade
- 1 potatis, tärnad
- 1 lök, finhackad
- 2 tomater, hackade
- 2 matskedar olivolja
- 6 dl grönsaksbuljong
- 1/2 kopp vermicelli eller liten pasta
- Salta och peppra efter smak
- Färsk mynta till garnering

INSTRUKTIONER:
a) Fräs löken i olivolja i en kastrull tills den är mjuk. Tillsätt zucchini, morötter och potatis.
b) Rör ner tomater, buljong, salt och peppar. Koka upp.
c) Tillsätt vermicelli och koka tills grönsakerna och pastan är mjuka.
d) Garnera med färsk mynta innan servering.

59.Bee t Kubbeh (Kubbeh-soppa)

INGREDIENSER:
FÖR KUBBEH:
- 1 stor gul lök, mycket finhackad
- ¾ pund nötfärs
- 1 tsk kosher salt
- ½ tsk nymalen svartpeppar, plus mer efter smak
- 1 tesked baharat
- ¼ kopp hackade bladselleri (valfritt)
- 3 dl fint mannagrynsmjöl
- 1 ½ dl vatten, delat
- 1 msk rapsolja

FÖR SOPPA:
- 1 msk rapsolja
- 1 stor gul lök, finhackad
- 3 stora rödbetor, skalade och tärningar i 1/2-tums bitar
- 3 liter vatten
- 1 matsked strösocker
- 4 teskedar kosher salt
- Nymalen svartpeppar
- 3 matskedar färsk citronsaft, dela
- Hackade bladselleri (valfritt)

INSTRUKTIONER:
a) Gör kubbeh-fyllningen: Lägg 1 hackad lök i en ren kökshandduk. Arbeta över diskbänken eller en skål, krama ut och släng så mycket vätska som möjligt. Lägg löken i en stor skål. Tillsätt nötköttet i den stora skålen tillsammans med salt, peppar, baharat och hackade bladselleri, om du använder det. Blanda med händerna tills det blandas, täck sedan över skålen och ställ i kylen i 30 minuter.

b) Gör kubbehbiffarna: Blanda samman 3 dl mannagryn, 1 dl vatten, 1 tsk salt och 1 matsked olja i en medelstor skål tills den är slät. Knåda ihop blandningen i bunken tills den bildar en deg som är fuktig men inte klibbig. Om degen känns kladdig, knåda i ytterligare semolinamjöl, 1 tsk i taget. Om degen känns torr, tillsätt ytterligare vatten, 1 tesked åt gången.

c) Skär degen i två delar och håll en av dem täckt. Kavla ut den andra degbiten på en arbetsyta lätt pudrad med mannagrynsmjöl, eller mellan 2 bitar vaxpapper tills den är 1,5 cm tjock. Klipp ut ca 2 ½-tums rundlar och lägg de skurna bitarna på en bit vaxpapper. Rulla om resterna och fortsätt skära rundlar tills du använder upp degen. Du kan stapla de skurna rundorna mellan lager av vaxpapper.
d) Klä 1 till 2 plåtar med bakplåtspapper. Ta ut kubbeh-fyllningen från kylen. Blöt händerna efter behov för att förhindra att blandningen fastnar, nyp av en liten bit av kubbeh-fyllningen och rulla försiktigt till en 1-tums boll. Placera bollen av kubbeh-fyllning i mitten av en utrullad degrund och nyp för att täta ändarna. Rulla bollen försiktigt i händerna till en boll för att säkerställa att köttet är tätt i degen. Lägg på den förberedda plåten. Upprepa rullning, fyllning och formning tills resten av kubbeh-fyllningen och degen har använts. Om du planerar att laga dessa kubbeh inom 12 timmar, placera i kylskåpet; om du väntar längre, frys in kubbeh på plåten tills den är fast, cirka 2 timmar, överför sedan till en lufttät behållare och frys tills den är klar att tillagas.
e) Upprepa steg 2 till 4 tills all deg och köttblandning har använts.
f) Gör soppan: Värm 1 matsked olja på medelvärme i en stor kastrull. Fräs den 1 hackade löken tills den är genomskinlig, cirka 4 minuter. Tillsätt rödbetorna och fräs tills de är mjuka, cirka 7 till 8 minuter. Tillsätt vattnet, hälften av citronsaften, socker, salt, peppar och bladselleri om du använder det, och låt blandningen koka upp. Släpp försiktigt kubbeh i soppan, sänk värmen till låg och täck grytan. Sjud tills kubbeh och rödbetorna är genomstekta, ca 50 minuter.
g) Krydda soppan med mer salt och peppar efter smak. Tillsätt återstående citronsaft och servera soppan med några kubbeh per portion omedelbart.

60.Shorbat Khodar (grönsakssoppa)

INGREDIENSER:
- 1 lök, hackad
- 2 morötter, tärnade
- 2 zucchini, tärnade
- 1 potatis, tärnad
- 1/2 kopp gröna bönor, hackade
- 1/4 kopp linser
- 1 tsk malen spiskummin
- 1 tsk mald koriander
- 6 dl grönsaksbuljong
- Färsk persilja, hackad (för garnering)
- Olivolja att ringla över
- Salta och peppra efter smak

INSTRUKTIONER:
a) Fräs löken i en kastrull tills den är genomskinlig.
b) Tillsätt morötter, zucchini, potatis, gröna bönor, linser, spiskummin och koriander. Blanda väl.
c) Häll i grönsaksbuljongen och låt koka upp. Sänk värmen och låt sjuda tills grönsakerna är mjuka.
d) Krydda med salt och peppar. Garnera med färsk persilja och ringla över olivolja före servering.

61. Grönsaksshurbah

INGREDIENSER:

- 2 matskedar vegetabilisk olja
- 1 lök, finhackad
- 2 morötter, skalade och tärnade
- 2 potatisar, skalade och tärnade
- 1 zucchini, tärnad
- 1 dl gröna bönor, hackade
- 2 tomater, tärnade
- 3 vitlöksklyftor, hackade
- 1 tsk malen spiskummin
- 1 tsk mald koriander
- 1 tsk mald gurkmeja
- Salta och peppra efter smak
- 6 dl grönsaksbuljong
- 1/2 kopp vermicelli eller liten pasta
- Färsk persilja till garnering

INSTRUKTIONER:

a) Värm vegetabilisk olja på medelvärme i en stor gryta. Tillsätt hackad lök och hackad vitlök, fräs tills den mjuknat.
b) Tillsätt tärnade morötter, potatis, zucchini, gröna bönor och tomater i grytan. Koka i ca 5 minuter, rör om då och då.
c) Strö mald spiskummin, koriander, gurkmeja, salt och peppar över grönsakerna. Rör om väl för att täcka grönsakerna med kryddorna.
d) Häll i grönsaksbuljongen och låt blandningen koka upp. När det kokar, sänk värmen till ett puttrande och låt det koka i cirka 15-20 minuter eller tills grönsakerna är mjuka.
e) Tillsätt vermicelli eller liten pasta i grytan och koka enligt anvisningarna på förpackningen tills den är al dente.
f) Justera kryddningen om det behövs och låt soppan puttra i ytterligare 5 minuter så att smakerna smälter samman.
g) Servera varm, garnerad med färsk persilja.

62.Vattenkrasse och kikärtssoppa med rosenvatten

INGREDIENSER:
- 2 medelstora morötter (9 oz / 250 g totalt), skurna i tärningar på ¾ tum / 2 cm
- 3 msk olivolja
- 2½ tsk ras el hanout
- ½ tsk mald kanel
- 1½ koppar / 240 g kokta kikärter, färska eller konserverade
- 1 medelstor lök, tunt skivad
- 2½ msk / 15 g skalad och finhackad färsk ingefära
- 2½ koppar / 600 ml grönsaksfond
- 7 oz / 200 g vattenkrasse
- 3½ oz / 100 g spenatblad
- 2 tsk superfint socker
- 1 tsk rosenvatten
- salt
- Grekisk yoghurt, att servera (valfritt)
- Värm ugnen till 425°F / 220°C.

INSTRUKTIONER

a) Blanda morötterna med 1 msk olivolja, ras el hanout, kanel och en rejäl nypa salt och bred ut platt i en långpanna klädd med bakplåtspapper. Sätt in i ugnen i 15 minuter, tillsätt sedan hälften av kikärtorna, rör om väl och koka i ytterligare 10 minuter, tills moroten mjuknar men fortfarande har en bit.

b) Lägg under tiden löken och ingefäran i en stor kastrull. Fräs med den återstående olivoljan i cirka 10 minuter på medelvärme, tills löken är helt mjuk och gyllene. Tillsätt resterande kikärter, fond, vattenkrasse, spenat, socker och ¾ tsk salt, rör om väl och låt koka upp. Koka i en minut eller två, bara tills bladen vissnar.

c) Använd en matberedare eller mixer och mixa soppan tills den är slät. Tillsätt rosenvattnet, rör om, smaka av och tillsätt mer salt eller rosenvatten om du vill. Ställ åt sidan tills moroten och kikärtorna är klara, värm sedan upp för servering.

d) För att servera, dela soppan mellan fyra skålar och toppa med den varma moroten och kikärtorna och, om du vill, cirka 2 tsk yoghurt per portion.

63. Varm yoghurt och kornsoppa

INGREDIENSER:
- 6¾ koppar / 1,6 liter vatten
- 1 kopp / 200 g pärlkorn
- 2 medelstora lökar, fint hackade
- 1½ tsk torkad mynta
- 4 msk / 60 g osaltat smör
- 2 stora ägg, vispade
- 2 koppar / 400 g grekisk yoghurt
- ⅔ oz / 20 g färsk mynta, hackad
- ⅓ oz / 10 g plattbladig persilja, hackad
- 3 salladslökar, tunt skivade
- salt och nymalen svartpeppar

INSTRUKTIONER

a) Koka upp vattnet med kornet i en stor kastrull, tillsätt 1 tsk salt och låt sjuda tills kornet är kokt men fortfarande al dente, 15 till 20 minuter. Ta bort från värmen. När den är tillagad behöver du 4¾ koppar / 1,1 liter av matlagningsvätskan till soppan; fyll på med vatten om du har mindre på grund av avdunstning.

b) Medan kornet kokar, fräs löken och den torkade myntan på medelvärme i smöret tills det är mjukt, cirka 15 minuter. Tillsätt detta till det kokta kornet.

c) Vispa ihop ägg och yoghurt i en stor värmesäker bunke. Blanda långsamt i lite av kornet och vattnet, en slev i taget, tills yoghurten har blivit varm. Detta kommer att temperera yoghurten och äggen och hindra dem från att spjälka när de läggs till den varma vätskan.

d) Tillsätt yoghurten i soppgrytan och återgå till medelhög värme under konstant omrörning tills soppan får en mycket lätt sjud. Ta av från värmen, tillsätt de hackade örterna och salladslöken och kontrollera smaksättningen.

e) Servera varm.

64.Pistagesoppa

INGREDIENSER:
- 2 msk kokande vatten
- ¼ tsk saffranstrådar
- 1⅔ koppar / 200 g skalade osaltade pistagenötter
- 2 msk / 30 g osaltat smör
- 4 schalottenlök, finhackad (3½ oz / totalt 100 g)
- 1 oz / 25 g ingefära, skalad och finhackad
- 1 purjolök, finhackad (1¼ koppar / totalt 150 g)
- 2 tsk malen spiskummin
- 3 koppar / 700 ml grönsaksfond
- ⅓ kopp / 80 ml färskpressad apelsinjuice
- 1 msk färskpressad citronsaft
- salt och nymalen svartpeppar
- gräddfil, att servera

INSTRUKTIONER:

a) Värm ugnen till 350°F / 180°C. Häll det kokande vattnet över saffranstrådarna i en liten kopp och låt dra i 30 minuter.

b) För att ta bort pistageskalen, blanchera nötterna i kokande vatten i 1 minut, låt rinna av och medan de fortfarande är heta, ta bort skalet genom att trycka nötterna mellan fingrarna. Alla skal kommer inte att lossna som med mandel – det är bra eftersom det inte påverkar soppan – men att bli av med lite skal förbättrar färgen, vilket gör den ljusare grön. Bred ut pistagenötterna på en plåt och rosta i ugnen i 8 minuter. Ta bort och låt svalna.

c) Hetta upp smöret i en stor kastrull och tillsätt schalottenlök, ingefära, purjolök, spiskummin, ½ tsk salt och lite svartpeppar. Fräs på medelvärme i 10 minuter, rör ofta, tills schalottenlökarna är helt mjuka. Tillsätt fonden och hälften av saffransvätskan. Täck pannan, sänk värmen och låt soppan sjuda i 20 minuter.

d) Lägg alla utom 1 matsked av pistagenötterna i en stor skål tillsammans med hälften av soppan. Använd en handhållen mixer för att mixa tills den är slät och lägg sedan tillbaka den i kastrullen. Tillsätt apelsin- och citronsaften, värm upp och smaka av för att justera kryddningen.

e) För att servera, hacka de reserverade pistagenötterna grovt. Lägg över den varma soppan i skålar och toppa med en sked gräddfil. Strö över pistagenötterna och ringla över resterande saffransvätska.

65.Bränd aubergine och Mograbieh Soppa

INGREDIENSER:

- auberginer (cirka 1,2 kg totalt)
- solrosolja, för stekning
- 1 lök, skivad (ca 1 kopp / 125 g totalt)
- 1 msk spiskummin, nymalda
- 1½ tsk tomatpuré
- 2 stora tomater (12 oz / 350 g totalt), skalade och tärnade
- 1½ koppar / 350 ml grönsaksfond
- 1⅔ koppar / 400 ml vatten
- 4 vitlöksklyftor, krossade
- 2½ tsk socker
- 2 msk färskpressad citronsaft
- ⅓ kopp / 100 g mograbieh, eller alternativ, såsom maftoul, fregola eller jättecouscous (se avsnittet om Couscous)
- 2 msk strimlad basilika eller 1 msk hackad dill, valfritt
- salt och nymalen svartpeppar

INSTRUKTIONER:

a) Börja med att bränna tre av auberginema. För att göra detta, följ instruktionerna för Bränd aubergine med vitlök, citron och granatäpplekärnor.

b) Skär de återstående auberginema i tärningar på 1,5 cm. Värm ca ⅔ kopp / 150 ml olja i en stor kastrull på medelhög värme. När det är varmt, tillsätt auberginetärningarna. Stek i 10 till 15 minuter, rör om ofta, tills de fått färg överallt; tillsätt lite mer olja om det behövs så det alltid finns lite olja i pannan. Ta bort auberginen, lägg i ett durkslag för att rinna av och strö över salt.

c) Se till att du har cirka 1 msk olja kvar i pannan, tillsätt sedan löken och spiskumminen och fräs i cirka 7 minuter, rör om ofta. Tillsätt tomatpurén och koka ytterligare en minut innan du tillsätter tomaterna, fonden, vattnet, vitlöken, socker, citronsaften, 1½ tsk salt och lite svartpeppar. Sjud försiktigt i 15 minuter.

d) Koka under tiden en liten kastrull med saltat vatten och tillsätt mograbieh eller alternativ. Koka tills al dente; detta kommer att variera beroende på märke men bör ta 15 till 18 minuter (kontrollera paketet). Låt rinna av och fräscha upp under kallt vatten.

e) Överför det brända aubergineköttet till soppan och mixa till en slät vätska med en handhållen mixer. Tillsätt mograbieh och stekt aubergine, behåll lite till garnering på slutet och låt sjuda i ytterligare 2 minuter. Smaka av och justera kryddningen. Servera varm, med den reserverade mograbieh och stekt aubergine på toppen och garnerad med basilika eller dill, om du vill.

66. Tomat- och surdegssoppa

INGREDIENSER:

- 2 msk olivolja, plus extra till slut
- 1 stor lök, hackad (1⅔ koppar / totalt 250 g)
- 1 tsk spiskummin
- 2 vitlöksklyftor, krossade
- 3 koppar / 750 ml grönsaksfond
- 4 stora mogna tomater, hackade (4 koppar / 650 g totalt)
- en 14-oz / 400 g burk hackade italienska tomater
- 1 msk superfint socker
- 1 skiva surdegsbröd (1½ oz / totalt 40 g)
- 2 msk hackad koriander, plus extra till slut
- salt och nymalen svartpeppar

INSTRUKTIONER:

a) Hetta upp oljan i en medelstor kastrull och tillsätt löken. Fräs i cirka 5 minuter, rör om ofta, tills löken är genomskinlig. Tillsätt spiskummin och vitlök och fräs i 2 minuter. Häll i fonden, båda typerna av tomat, socker, 1 tsk salt och en rejäl malning av svartpeppar.

b) Låt soppan sjuda försiktigt och koka i 20 minuter, tillsätt brödet, rivet i bitar, halvvägs genom tillagningen.

c) Tillsätt till sist koriandern och mixa sedan med en mixer i några pulser så att tomaterna bryts ner men fortfarande är lite grova och tjocka. Soppan ska vara ganska tjock; tillsätt lite vatten om den är för tjock vid det här laget. Servera, droppade med olja och strö över färsk koriander.

SALADER

67. Tomat och gurksallad

INGREDIENSER:
- 4 tomater, tärnade
- 2 gurkor, tärnade
- 1 rödlök, finhackad
- 1 grön chili, finhackad
- Färsk koriander, hackad
- Saften av 2 citroner
- Salta och peppra efter smak

INSTRUKTIONER:
a) Kombinera tomater, gurka, rödlök, grön chili och koriander i en skål.
b) Tillsätt citronsaft, salt och peppar. Kasta för att kombinera.
c) Ställ i kylen en timme innan servering.

68.Kikärtssallad (Salatat Hummus)

INGREDIENSER:
- 2 dl kokta kikärter
- 1 gurka, tärnad
- 1 tomat, tärnad
- 1/2 rödlök, finhackad
- 1/4 kopp hackad färsk mynta
- 1/4 kopp hackad färsk persilja
- Saften av 1 citron
- 2 matskedar olivolja
- Salta och peppra, efter smak

INSTRUKTIONER:
a) I en skål, kombinera kikärter, gurka, tomat, rödlök, mynta och persilja.
b) Ringla över citronsaft och olivolja.
c) Krydda med salt och peppar.
d) Rör ihop salladen väl och servera kyld.

69.Tabbouleh sallad

INGREDIENSER:
- 1 kopp bulgurvete, blötlagt i varmt vatten i 1 timme
- 2 dl färsk persilja, finhackad
- 1 dl färska myntablad, fint hackade
- 4 tomater, fint tärnade
- 1 gurka, fint tärnad
- 1/2 dl rödlök, finhackad
- Saft av 3 citroner
- Olivolja
- Salta och peppra efter smak

INSTRUKTIONER:
a) Häll av blötlagd bulgur och lägg den i en stor skål.
b) Tillsätt hackad persilja, mynta, tomater, gurka och rödlök.
c) I en liten skål, vispa ihop citronsaft och olivolja. Häll över salladen.
d) Krydda med salt och peppar. Rör om väl och ställ i kylen i minst 30 minuter innan servering.

70.Fattoush sallad

INGREDIENSER:
- 2 koppar blandad grönsallad (sallad, ruccola, radicchio)
- 1 gurka, tärnad
- 2 tomater, tärnade
- 1 röd paprika, hackad
- 1/2 dl rädisor, skivade
- 1/4 kopp färska myntablad, hackade
- 1/4 kopp färsk persilja, hackad
- 1/4 kopp olivolja
- Saften av 1 citron
- 1 tsk sumak
- Salta och peppra efter smak
- Pitabröd, rostat och sönderdelat i bitar

INSTRUKTIONER:
a) I en stor skål, kombinera grönsallad, gurka, tomater, paprika, rädisor, mynta och persilja.
b) I en liten skål, vispa ihop olivolja, citronsaft, sumak, salt och peppar.
c) Häll dressingen över salladen och blanda ihop.
d) Toppa med rostade pitabrödsbitar innan servering.

71.Blomkål, bönor och rissallad

INGREDIENSER:
FÖR SALLAD:
- 1 kopp kokt basmatiris, kylt
- 1 litet blomkålshuvud, skuren i buketter
- 1 burk (15 oz) kidneybönor, avrunna och sköljda
- 1/2 kopp hackad färsk persilja
- 1/4 kopp hackade färska myntablad
- 1/4 kopp skivad salladslök

FÖR KLÄNINGEN:
- 3 matskedar olivolja
- 2 msk citronsaft
- 1 tsk malen spiskummin
- 1 tsk mald koriander
- Salta och peppra efter smak

INSTRUKTIONER:
a) Värm ugnen till 400°F (200°C).
b) Kasta blomkålsbuketter med lite olivolja, salt och peppar.
c) Bred ut dem på en plåt och rosta i ca 20-25 minuter eller tills de är gyllenbruna och mjuka. Låt den svalna.
d) Koka basmatiriset enligt anvisningarna på förpackningen. När den är kokt, låt den svalna till rumstemperatur.
e) I en liten skål, vispa ihop olivolja, citronsaft, mald spiskummin, mald koriander, salt och peppar. Anpassa kryddningen efter din smak.
f) I en stor salladsskål, kombinera det kylda riset, rostad blomkål, kidneybönor, hackad persilja, hackad mynta och skivad salladslök.
g) Häll dressingen över salladsingredienserna och rör försiktigt tills allt är väl täckt.
h) Kyl salladen i minst 30 minuter innan servering så att smakerna smälter samman.
i) Servera kyld och garnera med ytterligare färska örter om så önskas.

72.Dadel och valnötssallad

INGREDIENSER:
- 1 kopp blandad grönsallad
- 1 dl dadlar, urkärnade och hackade
- 1/2 dl valnötter, hackade
- 1/4 kopp fetaost, smulad
- Balsamvinägrettdressing

INSTRUKTIONER:
a) Ordna grönsallad på ett serveringsfat.
b) Strö hackade dadlar, valnötter och smulad fetaost över grönsakerna.
c) Ringla över balsamvinägrettdressing.
d) Kasta försiktigt innan servering.

73. Morot och apelsin sallad

INGREDIENSER:
- 4 koppar strimlade morötter
- 2 apelsiner, skalade och segmenterade
- 1/4 kopp russin
- 1/4 kopp hackade pistagenötter
- Orange vinägrettdressing

INSTRUKTIONER:
a) I en stor skål, kombinera strimlade morötter, apelsinsegment, russin och pistagenötter.
b) Ringla över apelsinvinägrettdressing.
c) Rör om väl och ställ i kylen i minst 30 minuter innan servering.

EFTERRÄTT

74.Knafeh

INGREDIENSER:
- 1 lb kataifi -deg (strimlad filodeg)
- 1 dl osaltat smör, smält
- 2 dl akkawiost , strimlad (eller mozzarella)
- 1 kopp enkel sirap (socker och vatten)
- Krossade pistagenötter till garnering

INSTRUKTIONER:
a) Kasta kataifi -degen med smält smör och tryck ut hälften i en ugnsform.
b) Strö den rivna osten över degen.
c) Täck med den återstående kataifi- degen och grädda tills den är gyllene.
d) Häll den enkla sirapen över den varma knafen och garnera med krossade pistagenötter.

75. Atayef

INGREDIENSER:
- 2 koppar universalmjöl
- 1 matsked socker
- 1 tsk bakpulver
- 1 kopp vatten
- 1 kopp sötost eller nötter (för fyllning)
- Enkel sirap att ringla över

INSTRUKTIONER:
a) Blanda mjöl, socker, bakpulver och vatten till en smet.
b) På en het stekpanna, häll små cirklar av smeten för att göra minipannkakor.
c) Lägg en sked sötost eller nötter i mitten av varje pannkaka.
d) Vik pannkakan på mitten, täta kanterna och stek tills den är gyllene.
e) Ringla över enkel sirap innan servering.

76.Basbousa (Revani)

INGREDIENSER:
- 1 kopp mannagryn
- 1 dl vanlig yoghurt
- 1 kopp torkad kokos
- 1 kopp socker
- 1/2 kopp osaltat smör, smält
- 1 tsk bakpulver
- 1/4 kopp blancherad mandel (för garnering)
- Enkel sirap

INSTRUKTIONER:
a) Blanda mannagryn, yoghurt, kokos, socker, smält smör och bakpulver i en skål.
b) Häll smeten i en smord ugnsform och jämna till toppen.
c) Grädda tills de är gyllenbruna. Medan du fortfarande är varm skär du i diamanter eller fyrkantiga former.
d) Garnera med blancherad mandel och häll enkel sirap över den varma basbousan .

77. Tamriyeh (datumfyllda cookies)

INGREDIENSER:
- 2 koppar universalmjöl
- 1 kopp osaltat smör, mjukat
- 1 dl dadlar, urkärnade och hackade
- 1/2 kopp hackade valnötter
- 1/4 kopp socker
- 1 tsk mald kanel
- Pulversocker för att pudra

INSTRUKTIONER:
a) I en skål, kombinera mjöl och mjukt smör för att göra en deg.
b) Blanda dadlar, valnötter, socker och kanel i en separat skål till fyllningen.
c) Ta små portioner av degen, platta till och lägg en sked av dadelblandningen i mitten.
d) Vik degen över fyllningen, förslut kanterna och forma till en halvmåne.
e) Grädda tills de är gyllene, pudra sedan med strösocker före servering.

78. Qatayef

INGREDIENSER:
- 2 koppar universalmjöl
- 1 tsk bakpulver
- 1 matsked socker
- 1 1/2 dl vatten
- 1 kopp sötost eller nötter (för fyllning)
- Enkel sirap att ringla över
- Krossade pistagenötter till garnering

INSTRUKTIONER:
a) Blanda mjöl, bakpulver, socker och vatten till en smet.
b) På en het stekpanna, häll små cirklar av smeten för att göra pannkakor.
c) Lägg en sked sötost eller nötter i mitten och vik pannkakan på mitten, försegla kanterna.
d) Grädda tills de är gyllene. Ringla över enkel sirap och garnera med krossade pistagenötter.

79. Harisseh

INGREDIENSER:
- 1 kopp mannagryn
- 1 dl vanlig yoghurt
- 1/2 kopp socker
- 1/4 kopp klarat smör (ghee)
- 1/4 kopp torkad kokos
- 1 tsk bakpulver
- Enkel sirap att ringla över
- Mandel till garnering

INSTRUKTIONER:
a) Blanda mannagryn, yoghurt, socker, klarat smör, torkad kokos och bakpulver.
b) Häll smeten i en smord ugnsform och jämna till toppen.
c) Grädda tills de är gyllenbruna. Medan den fortfarande är varm skär du i rutor och ringla över enkel sirap.
d) Garnera med mandel.

80. Sesammandelrutor

INGREDIENSER:
- 1 dl rostade sesamfrön
- 1 kopp socker
- 1/4 kopp vatten
- 1 kopp blancherad mandel, hackad
- 1 msk rosenvatten (valfritt)

INSTRUKTIONER:
a) Rosta sesamfrön i en panna tills de är gyllenbruna.
b) I en separat kastrull, kombinera socker och vatten för att göra en sirap.
c) Tillsätt sesamfrön, mandel och rosenvatten till sirapen. Blanda väl.
d) Häll blandningen i en smord form, låt den svalna och skär i rutor.

81. Awameh

INGREDIENSER:
- 2 koppar universalmjöl
- 1 matsked yoghurt
- 1 tsk bakpulver
- Vatten (efter behov)
- Vegetabilisk olja för stekning
- Enkel sirap för blötläggning

INSTRUKTIONER:
a) Blanda mjöl, yoghurt och bakpulver. Tillsätt vatten gradvis för att göra en tjock smet.
b) Hetta upp olja i en djup panna. Häll ner små delar av smeten i den heta oljan med en sked.
c) Stek tills de är gyllenbruna, blötlägg sedan i enkel sirap i några minuter.
d) Servera awameh varm.

82. Rose Cookies (Qurabiya)

INGREDIENSER:
- 2 koppar mannagryn
- 1 kopp ghee, smält
- 1 kopp strösocker
- 1 tsk rosenvatten
- Hackade pistagenötter till garnering

INSTRUKTIONER:
a) Blanda mannagryn, smält ghee, strösocker och rosenvatten i en skål för att bilda en deg.
b) Forma degen till små kakor.
c) Lägg kakorna på en bakplåt.
d) Grädda i en förvärmd ugn vid 350°F (175°C) i cirka 15-20 minuter eller tills de är gyllene.
e) Garnera med hackade pistagenötter och låt dem svalna innan servering.

83.Banan och dadel tårta

INGREDIENSER:
- 1 plåt färdig smördeg
- 3 mogna bananer, skivade
- 1 dl dadlar, urkärnade och hackade
- 1/2 kopp honung
- Hackade nötter till garnering

INSTRUKTIONER:
a) Kavla ut smördegsarket och lägg det i en tårtform.
b) Lägg skivade bananer och hackade dadlar på bakelsen.
c) Ringla honung över frukterna.
d) Grädda i en förvärmd ugn på 375°F (190°C) i cirka 20-25 minuter eller tills degen är gyllene.
e) Garnera med hackade nötter innan servering.

84. Saffransglass

INGREDIENSER:
- 2 koppar tung grädde
- 1 kopp kondenserad mjölk
- 1/2 kopp socker
- 1 tsk saffranstrådar, blötlagda i varmt vatten
- Hackade pistagenötter till garnering

INSTRUKTIONER:
a) Vispa grädden i en skål tills det bildas styva toppar.
b) Blanda kondenserad mjölk, socker och saffransinfunderat vatten i en separat skål.
c) Vänd försiktigt ner den kondenserade mjölkblandningen i den vispade grädden.
d) Överför blandningen till en behållare och frys i minst 4 timmar.
e) Garnera med hackade pistagenötter innan servering.

85.Gräddkola (Muhallabia)

INGREDIENSER:
- 1/2 kopp rismjöl
- 4 koppar mjölk
- 1 kopp socker
- 1 tsk rosenvatten
- 1 tsk apelsinblomvatten
- Hackade pistagenötter till garnering

INSTRUKTIONER:
a) I en kastrull, lös rismjöl i en liten mängd mjölk för att skapa en slät pasta.
b) Värm den återstående mjölken och sockret på medelvärme i en separat kastrull.
c) Tillsätt rismjölsmassan i mjölkblandningen, rör hela tiden tills blandningen tjocknar.
d) Ta av från värmen och rör ner rosenvatten och apelsinblomvatten.
e) Häll blandningen i serveringsfat och låt den svalna.
f) Kyl tills den stelnat.
g) Garnera med hackade pistagenötter innan servering.

86.Mamoul med dadlar

INGREDIENSER:
FÖR DEGEN:
- 3 koppar mannagryn
- 1 kopp universalmjöl
- 1 dl osaltat smör, smält
- 1/2 kopp strösocker
- 1/4 kopp rosenvatten eller apelsinblomvatten
- 1/4 kopp mjölk
- 1 tsk bakpulver

FÖR DATUMFYLLNING:
- 2 dl urkärnade dadlar, hackade
- 1/2 kopp vatten
- 1 msk smör
- 1 tsk mald kanel

FÖR DAMMNING (VALFRI):
- Pulversocker för att pudra

INSTRUKTIONER:
DATUMFYLLNING:
a) Blanda hackade dadlar, vatten, smör och mald kanel i en kastrull.
b) Koka på medelvärme under konstant omrörning tills dadlarna mjuknar och blandningen tjocknar till en pastaliknande konsistens.
c) Ta bort från värmen och låt det svalna.

MAMOULDEG:
d) Kombinera mannagryn, universalmjöl och bakpulver i en stor blandningsskål.
e) Tillsätt smält smör till mjölblandningen och blanda väl.
f) I en separat skål, kombinera socker, rosenvatten (eller apelsinblomvatten) och mjölk. Rör om tills sockret är upplöst.
g) Tillsätt vätskeblandningen till mjölblandningen och knåda tills du har en smidig deg. Om degen är för smulig kan du tillsätta lite mer smält smör eller mjölk.
h) Täck över degen och låt vila i cirka 30 minuter till en timme.

SAMMANFATTNING AV MAMOUL-COOKIES:
i) Värm ugnen till 350°F (175°C).
j) Ta en liten del av degen och forma den till en boll. Platta till bollen i handen och lägg en liten mängd av dadelfyllningen i mitten.
k) Omslut fyllningen med degen, forma den till en slät boll eller en kupolform. Du kan använda Mamoul- formar till dekoration om du har.
l) Lägg de fyllda kakorna på en plåt klädd med bakplåtspapper.
m) Grädda i 15-20 minuter eller tills bottnarna är gyllenbruna. Topparna kanske inte ändrar färg mycket.
n) Låt kakorna svalna på plåten i några minuter innan du lägger över dem på ett galler för att svalna helt.

VALFRI DAMNING:
o) När Mamoul -kakorna är helt svala kan du pudra dem med strösocker.

87.syriska Namora

INGREDIENSER:
- 200 g smör (smält)
- 225 g socker
- 3 koppar (500 g) yoghurt
- 3 koppar (600 g) mannagryn (2,5 koppar grov mannagryn och 0,5 koppar fingryn)
- 3 msk kokos (fintorkad)
- 2 tsk bakpulver
- 1 msk rosenvatten eller apelsinblomma sockersirap

INSTRUKTIONER:
SOCKER SIRAP:
a) I en kastrull, kombinera 1 dl socker, ½ dl vatten och 1 tsk citronsaft.
b) Koka blandningen i 5 till 7 minuter på medelvärme och låt den sedan svalna.

NAMORA:
c) Blanda smält smör och socker, vispa tills det är väl blandat.
d) Tillsätt yoghurt till blandningen och vispa igen tills den är helt blandad.
e) Rör ner både grov och fin mannagryn, bakpulver, kokos och rosenvatten. Mixa tills du får en slät smet.
f) Häll smeten i muffinsformar. Eventuellt dekorera cupcakes med mandelflingor.
g) Grädda smeten i en förvärmd ugn på 180 grader Celsius i 15 till 20 minuter eller tills den är gyllenbrun.
h) Medan cupcakes är i ugnen, förbered sockerlagen.
i) När cupcakesna är gräddade, häll sockersirap över dem medan de fortfarande är varma. Detta kommer att göra dem fuktiga och smakrika.

88. Syriska dadelbrownies

INGREDIENSER:
FÖR DATUMKLISTER:
- 2 dl urkärnade dadlar, gärna Medjool
- 1/2 kopp vatten
- 1 tsk citronsaft

FÖR BROWNIESETEN:
- 1/2 kopp osaltat smör, smält
- 1 kopp strösocker
- 2 stora ägg
- 1 tsk vaniljextrakt
- 1/2 kopp universalmjöl
- 1/3 kopp osötat kakaopulver
- 1/4 tsk bakpulver
- 1/4 tsk salt
- 1/2 kopp hackade nötter (valnötter eller mandel), valfritt

INSTRUKTIONER:

DATUMKLISTRA:

a) Blanda urkärnade dadlar och vatten i en liten kastrull.
b) Låt sjuda på medelvärme och koka i ca 5-7 minuter eller tills dadlarna är mjuka.
c) Ta bort från värmen och låt svalna något.
d) Överför de mjuknade dadlarna till en matberedare, tillsätt citronsaft och mixa tills du får en slät pasta. Avsätta.

BROWNIE-SMET:

e) Värm ugnen till 350°F (175°C). Smörj och klä en ugnsform med bakplåtspapper.
f) I en stor bunke, vispa ihop smält smör och socker tills det är väl blandat.
g) Tillsätt äggen ett i taget, vispa ordentligt efter varje tillsats. Rör ner vaniljextraktet.
h) I en separat skål, sikta ihop mjöl, kakaopulver, bakpulver och salt.
i) Tillsätt gradvis de torra ingredienserna till de våta ingredienserna, blanda tills de precis blandas.
j) Vänd ner dadelmassan och hackade nötter (om de används) i browniesmeten tills den är jämnt fördelad.
k) Häll smeten i den förberedda bakformen och fördela den jämnt.
l) Grädda i den förvärmda ugnen i 25-30 minuter eller tills en tandpetare som sticks in i mitten kommer ut med några fuktiga smulor.
m) Låt brownies svalna helt i pannan innan du skär dem i rutor.
n) Valfritt: Pudra de avsvalnade browniesna med kakaopulver eller strösocker för dekoration.

89. Baklava

INGREDIENSER:
- 1 paket filodeg
- 1 dl osaltat smör, smält
- 2 dl blandade nötter (valnötter, pistagenötter), finhackade
- 1 kopp strösocker
- 1 tsk mald kanel
- 1 kopp honung
- 1/4 kopp vatten
- 1 tsk rosenvatten (valfritt)

INSTRUKTIONER:
a) Värm ugnen till 350°F (175°C).
b) Blanda de hackade nötterna med socker och kanel i en skål.
c) Lägg ett ark filodeg i en smord ugnsform, pensla med smält smör och upprepa i cirka 10 lager.
d) Strö ett lager av nötblandningen över filon.
e) Fortsätt lägga filo och nötter i lager tills ingredienserna tar slut, avsluta med ett översta lager filo.
f) Använd en vass kniv och skär baklavan i diamanter eller fyrkantiga former.
g) Grädda i 45-50 minuter eller tills de är gyllenbruna.
h) Medan baklavan bakas, värm honung, vatten och rosenvatten (om det används) i en kastrull på låg värme.
i) När baklavan är klar, häll omedelbart den varma honungsblandningen över den.
j) Låt baklavan svalna innan servering.

90.Halawet el Jibn (syriska sötostrullar)

INGREDIENSER:
- 1 kopp ricottaost
- 1 kopp mannagryn
- 1/2 kopp socker
- 1/4 kopp osaltat smör
- 1 dl mjölk
- 1 msk apelsinblomvatten
- Blancherad mandel till garnering
- Strimlad filodeg för rullning

INSTRUKTIONER:
a) I en kastrull, kombinera ricottaost, mannagryn, socker, smör och mjölk.
b) Koka på medelvärme, rör hela tiden tills blandningen tjocknar.
c) Ta av från värmen och rör ner apelsinblomsvatten.
d) Låt blandningen svalna.
e) Ta små portioner av blandningen och slå in dem i strimlad filodeg, forma små rullar.
f) Garnera med blancherad mandel.
g) Servera dessa söta ostrullar som en härlig efterrätt eller tillsammans med ditt frukostpålägg.

91. Basbousa (Semolina Cake)

INGREDIENSER:
- 1 kopp mannagryn
- 1 kopp strösocker
- 1 dl vanlig yoghurt
- 1/2 kopp osaltat smör, smält
- 1 tsk bakpulver
- 1/4 kopp torkad kokosnöt (valfritt)
- 1/4 kopp blancherade mandel eller pinjenötter för garnering

SIRAP:
- 1 kopp strösocker
- 1/2 kopp vatten
- 1 msk rosenvatten
- 1 msk apelsinblomvatten

INSTRUKTIONER:

a) Värm ugnen till 350°F (175°C).
b) Blanda mannagryn, socker, yoghurt, smält smör, bakpulver och torkad kokos i en skål tills det är väl blandat.
c) Häll smeten i en smord ugnsform.
d) Jämna till ytan med en spatel och skär till diamantformer.
e) Placera en mandel eller pinjenöt i mitten av varje diamant.
f) Grädda i 30-35 minuter eller tills de är gyllenbruna.
g) Medan kakan gräddas förbereder du sirapen genom att koka upp socker och vatten tills sockret löst sig.
h) Ta av från värmen och tillsätt rosenvatten och apelsinblomvatten.
i) När kakan är klar, häll sirapen över den medan den fortfarande är varm.
j) Låt basbousan absorbera sirapen innan servering.

92.Znoud El Sit (syriska gräddfyllda bakverk)

INGREDIENSER:
- 10 ark filodeg
- 1 kopp tung grädde
- 1/4 kopp strösocker
- 1 tsk rosenvatten
- Vegetabilisk olja för stekning
- Enkel sirap (1 dl socker, 1/2 dl vatten, 1 tsk citronsaft, kokt tills det blir sirap)

INSTRUKTIONER:
a) Vispa grädden med socker och rosenvatten i en skål tills det bildas styva toppar.
b) Skär filo-arken i rektanglar (ca 4x8 tum).
c) Lägg en matsked av den vispade grädden i ena änden av varje rektangel.
d) Vik sidorna över grädden och rulla ihop som en cigarr.
e) Hetta upp vegetabilisk olja i en djup panna och stek bakverken tills de är gyllenbruna.
f) Doppa de stekta bakverken i den förberedda enkla sirapen.
g) Låt znoud el sitta svalna innan servering.

93.Mafroukeh (semolina och mandeldessert)

INGREDIENSER:
- 2 koppar mannagryn
- 1 kopp osaltat smör
- 1 kopp strösocker
- 1 dl helmjölk
- 1 kopp blancherad mandel, rostad och hackad
- Enkel sirap (1 dl socker, 1/2 dl vatten, 1 tsk apelsinblomvatten, kokt tills det blir sirap)

INSTRUKTIONER:
a) Smält smör i en kastrull och tillsätt mannagryn. Rör hela tiden tills den är gyllenbrun.
b) Tillsätt socker och fortsätt röra tills det är väl blandat.
c) Tillsätt långsamt mjölk under omrörning för att undvika klumpar. Koka tills blandningen tjocknar.
d) Ta av från värmen och rör ner rostad och hackad mandel.
e) Tryck ut blandningen i en serveringsform och låt den svalna.
f) Skär i diamantformer och häll den förberedda enkla sirapen över mafrouken.
g) Låt den absorbera sirapen innan servering.

94.Röd paprika och bakade ägggaletter

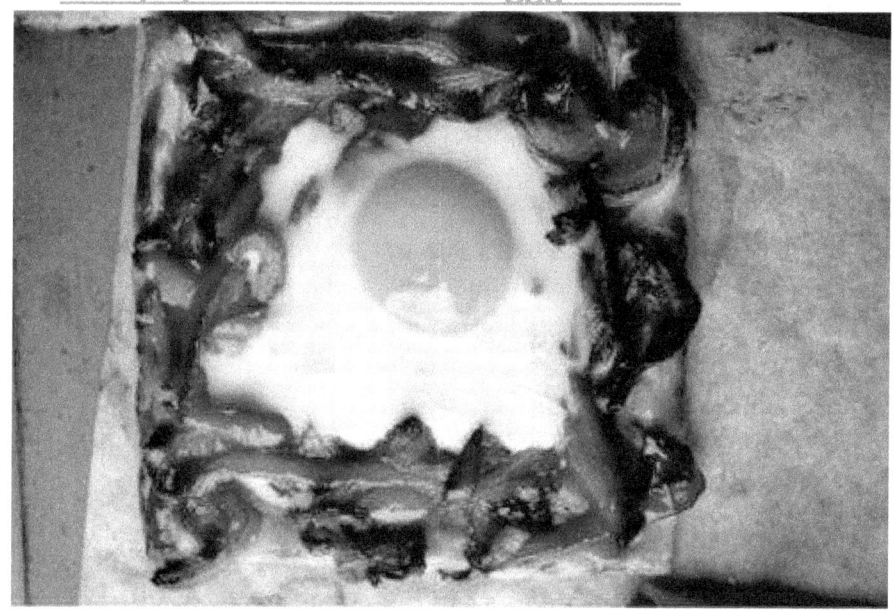

INGREDIENSER:

- 4 medelstora röda paprikor, halverade, kärnade och skurna i remsor ⅜ tum / 1 cm breda
- 3 små lökar, halverade och skurna i klyftor ¾ tum / 2 cm breda
- 4 timjankvistar, blad plockade och hackade
- 1½ tsk mald koriander
- 1½ tsk mald spiskummin
- 6 msk olivolja, plus extra till slut
- 1½ msk plattbladiga bladpersilja, grovt hackade
- 1½ msk korianderblad, grovt hackade
- 9 oz / 250 g smördeg av bästa kvalitet
- 2 msk / 30 g gräddfil
- 4 stora frigående ägg (eller 160 g fetaost, smulad), plus 1 ägg, lätt uppvispat
- salt och nymalen svartpeppar

INSTRUKTIONER:

a) Värm ugnen till 400°F / 210°C. I en stor skål, blanda ihop paprika, lök, timjanblad, malda kryddor, olivolja och en god nypa salt. Bred ut i en långpanna och rosta i 35 minuter, rör om ett par gånger under tillagningen. Grönsakerna ska vara mjuka och söta men inte för knapriga eller bruna, eftersom de kokar ytterligare. Ta ut ur ugnen och rör ner hälften av de färska örterna. Smaka av efter smaksättning och ställ åt sidan. Sätt upp ugnen till 425°F / 220°C.

b) På en lätt mjölad yta, kavla ut smördegen till en 12-tums / 30 cm fyrkant ca ⅛ tum / 3 mm tjock och skär i fyra 6-tums / 15 cm rutor. Pricka rutorna överallt med en gaffel och lägg dem, väl fördelade, på en plåt klädd med bakplåtspapper. Låt vila i kylen i minst 30 minuter.

c) Ta ut degen från kylen och pensla toppen och sidorna med uppvispat ägg. Använd en förskjuten spatel eller baksidan av en sked, sprid 1½ tesked gräddfil över varje ruta, lämna en ¼-tums/0,5 cm-kant runt kanterna. Lägg 3 matskedar av pepparblandningen ovanpå de gräddfilsade rutorna, lämna kanterna klara att jäsa. Den ska fördelas någorlunda jämnt, men lämna en grund brunn i mitten för att hålla ett ägg senare.

d) Grädda galetterna i 14 minuter. Ta ut plåten ur ugnen och knäck försiktigt ett helt ägg i brunnen i mitten av varje bakverk. Återgå till ugnen och koka i ytterligare 7 minuter, tills äggen precis stelnat. Strö över svartpeppar och resterande örter och ringla över olja. Servera på en gång.

95. Örtpaj

INGREDIENSER:

- 2 msk olivolja, plus extra för att pensla bakelsen
- 1 stor lök, tärnad
- 1 lb / 500 g mangold, stjälkar och blad finstrimlade men hålls åtskilda
- 5 oz / 150 g selleri, tunt skivad
- 1¾ oz / 50 g grön lök, hackad
- 1¾ oz / 50 g ruccola
- 1 oz / 30 g plattbladig persilja, hackad
- 1 oz / 30 g mynta, hackad
- ¾ oz / 20 g dill, hackad
- 4 oz / 120 g anari- eller ricottaost, smulad
- 3½ oz / 100 g lagrad cheddarost, riven
- 2 oz / 60 g fetaost, smulad
- rivet skal av 1 citron
- 2 stora frigående ägg
- ⅓ tsk salt
- ½ tsk nymalen svartpeppar
- ½ tsk superfint socker
- 9 oz / 250 g filodeg

INSTRUKTIONER:
a) Värm ugnen till 400°F / 200°C. Häll olivoljan i en stor, djup stekpanna på medelvärme. Tillsätt löken och fräs i 8 minuter utan att bryna. Tillsätt mangoldstjälkarna och sellerin och fortsätt koka i 4 minuter, rör om då och då. Tillsätt mangoldbladen, öka värmen till medelhög och rör om medan du kokar i 4 minuter, tills bladen vissnar. Tillsätt salladslöken, ruccolan och örterna och koka i ytterligare 2 minuter. Ta av från värmen och överför till ett durkslag för att svalna.
b) När blandningen har svalnat, krama ur så mycket vatten du kan och överför till en mixerskål. Tillsätt de tre ostarna, citronskal, ägg, salt, peppar och socker och blanda väl.
c) Lägg ut ett ark filodeeg och pensla det med lite olivolja. Täck med ytterligare ett ark och fortsätt på samma sätt tills du har 5 lager filo penslad med olja, alla täcker ett område som är tillräckligt stort för att kanta sidorna och botten av en 8½-tums / 22 cm pajform, plus extra att hänga över kanten . Klä pajformen med degen, fyll med örtblandningen och vik överflödig degen över kanten på fyllningen, putsa degen efter behov för att skapa en ¾-tums / 2 cm kant.
d) Gör ytterligare en uppsättning av 5 filolager penslade med olja och lägg dem över pajen. Rör ihop degen lite för att skapa en vågig, ojämn topp och putsa kanterna så att den precis täcker pajen. Pensla med olivolja och grädda i 40 minuter, tills filon fått en fin gyllenbrun färg. Ta ut ur ugnen och servera varm eller rumstemperatur.

96.Burekas

INGREDIENSER:
- 1 lb / 500 g smördeg av bästa kvalitet
- 1 stort frigående ägg, uppvispat

RICOTTA-FYLLNING
- ¼ kopp / 60 g keso
- ¼ kopp / 60 g ricottaost
- ⅔ kopp / 90 smulad fetaost
- 2 tsk / 10 g osaltat smör, smält

PECORINO-FYLLNING
- 3½ msk / 50 g ricottaost
- ⅔ kopp / 70 g riven lagrad pecorinoost
- ⅓ kopp / 50 g riven lagrad cheddarost
- 1 purjolök, skuren i 2-tums / 5 cm segment, blancherad tills den är mjuk och finhackad (¾ kopp / 80 g totalt)
- 1 msk hackad plattbladspersilja
- ½ tsk nymalen svartpeppar

FRÖN
- 1 tsk nigellafrön
- 1 tsk sesamfrön
- 1 tsk gula senapsfrön
- 1 tsk kumminfrön
- ½ tsk chiliflakes

INSTRUKTIONER:

a) Kavla ut degen till två 12-tums / 30 cm fyrkanter vardera ⅛ tum / 3 mm tjocka. Lägg bakplåtarna på en bakplåtspappersklädd plåt – de kan vila ovanpå varandra, med ett bakplåtspapper emellan – och låt stå i kylen i 1 timme.

b) Lägg varje uppsättning fyllningsingredienser i en separat skål. Blanda och ställ åt sidan. Blanda ihop alla frön i en skål och ställ åt sidan.

c) Skär varje bakelse ark i 4-tums / 10 cm rutor; du bör få 18 rutor totalt. Fördela den första fyllningen jämnt mellan hälften av rutorna, skeda den på mitten av varje ruta. Pensla två intilliggande kanter av varje ruta med ägg och vik sedan kvadraten på mitten för att bilda en triangel. Tryck ut eventuell luft och nyp ihop sidorna ordentligt. Man vill trycka till kanterna väldigt bra så att de inte öppnar sig under tillagningen. Upprepa med de återstående bakverksrutorna och den andra fyllningen. Lägg på en bakplåtspappersklädd plåt och ställ i kylen i minst 15 minuter för att stelna. Värm ugnen till 425°F / 220°C.

d) Pensla de två kortkanterna av varje bakverk med ägg och doppa dessa kanter i fröblandningen; en liten mängd frön, bara ⅛ tum / 2 mm breda, är allt som behövs, eftersom de är ganska dominerande. Pensla även toppen av varje bakverk med lite ägg, undvik fröna.

e) Se till att bakverken är åtskilda med cirka 3 cm mellanrum. Grädda i 15 till 17 minuter, tills de är gyllenbruna överallt. Servera varm eller i rumstemperatur. Om en del av fyllningen rinner ut ur bakverken under gräddningen är det bara att stoppa tillbaka det försiktigt när de är tillräckligt svala för att kunna hanteras.

97. Ghraybeh

INGREDIENSER:

- ¾ kopp plus 2 msk / 200 g ghee eller klargjort smör, från kylen så att det är fast
- ⅔ kopp / 70 g konditorsocker
- 3 koppar / 370 g universalmjöl, siktat
- ½ tsk salt
- 4 tsk apelsinblomvatten
- 2½ tsk rosenvatten
- ca 5 msk / 30 g osaltade pistagenötter

INSTRUKTIONER:

a) Grädda ihop ghee och konditorisocker i 5 minuter tills det är fluffigt, krämigt och blekt i en stavmixer utrustad med visptillbehöret. Byt ut vispen mot visptillbehöret, tillsätt mjöl, salt, apelsinblomma och rosenvatten och blanda i drygt 3 till 4 minuter tills en enhetlig, slät deg bildas.
b) Slå in degen i plastfolie och kyl i 1 timme.
c) Värm ugnen till 350°F / 180°C. Nyp ihop en degbit som väger ca ½ oz / 15 g och rulla den till en boll mellan handflatorna. Platta till den något och lägg på en plåt klädd med bakplåtspapper. Upprepa med resten av degen, arrangera kakorna på klädda plåtar och håll dem väl ifrån varandra. Tryck ut 1 pistage i mitten av varje kaka.
d) Grädda i 17 minuter, se till att kakorna inte tar någon färg utan bara kokar igenom. Ta ut ur ugnen och låt svalna helt.
e) Förvara kakorna i en lufttät behållare i upp till 5 dagar.

98.Mutabbaq

INGREDIENSER:

- ⅔ kopp / 130 g osaltat smör, smält
- 14 ark filodeeg, 31 x 39 cm
- 2 koppar / 500 g ricottaost
- 9 oz / 250 g mjuk getmjölksost
- krossade osaltade pistagenötter, till garnering (valfritt)
- SIRAP
- 6 msk / 90 ml vatten
- rundade 1⅓ koppar / 280 g superfint socker
- 3 msk färskpressad citronsaft

INSTRUKTIONER:
a) Värm ugnen till 450°F / 230°C. Pensla ett bakplåtspapper med grund kant, ca 28 x 37 cm med lite av det smälta smöret. Bred ut ett filoark ovanpå, stoppa in det i hörnen och låt kanterna hänga över. Pensla överallt med smör, toppa med ytterligare ett ark och pensla med smör igen. Upprepa processen tills du har 7 ark jämnt staplade, var och en penslad med smör.
b) Lägg ricotta och getmjölksost i en skål och mosa ihop med en gaffel, blanda väl. Bred ut över det översta filoarket och lämna 2 cm fritt runt kanten. Pensla ytan på osten med smör och toppa med de återstående 7 arken filo, pensla var och en i tur och ordning med smör.
c) Använd en sax för att klippa av ca ¾ tum / 2 cm från kanten men utan att nå osten, så att den förblir väl förseglad i bakverket. Använd fingrarna för att stoppa in filokanterna försiktigt under degen för att få en snygg kant. Pensla med mer smör överallt. Använd en vass kniv för att skära ytan i ungefär 2¾-tums / 7 cm fyrkanter, låt kniven nästan nå botten men inte riktigt. Grädda i 25 till 27 minuter tills de är gyllene och knapriga.
d) Medan bakverket bakas, förbered sirapen. Häll vattnet och sockret i en liten kastrull och blanda väl med en träslev. Sätt på medelvärme, låt koka upp, tillsätt citronsaften och låt sjuda försiktigt i 2 minuter. Ta bort från värmen.
e) Häll långsamt sirapen över degen så fort du tar ut den ur ugnen och se till att den drar in jämnt. Låt svalna i 10 minuter. Strö över de krossade pistagenötterna, om du använder, och skär i portioner.

99.Sherbat

INGREDIENSER:
- 1 liter mjölk
- 1 kopp socker
- 1/2 kopp grädde
- Några droppar Vanilla Essence
- 1 tsk skivad mandel
- 1 tsk skivade pistagenötter
- 1 msk vaniljkräm
- 1 nypa saffran

INSTRUKTIONER:
a) Koka upp mjölken i en kastrull.
b) Tillsätt socker, grädde, vaniljessens, vaniljkräm, saffran, skivad mandel och skivade pistagenötter till den kokande mjölken.
c) Koka blandningen på låg värme tills mjölken tjocknar. Rör om hela tiden så att du inte fastnar i botten.
d) Ta bort grytan från lågan och låt sorbaten svalna till rumstemperatur.
e) När den svalnat, ställ blandningen i kylen för att kyla ordentligt.
f) Sherbat är nu redo att serveras.
g) Häll upp den kylda sorbaten i glas och garnera med ytterligare skivad mandel och pistagenötter om så önskas.

100. Qamar al-Din Pudding

INGREDIENSER:
- 1 kopp torkad aprikospasta (Qamar al-Din)
- 4 koppar vatten
- 1/2 kopp socker (justera efter smak)
- 1/4 kopp majsstärkelse
- 1 tsk apelsinblomvatten (valfritt)
- Hackade nötter till garnering

INSTRUKTIONER:
a) I en kastrull, lös upp aprikospastan i vatten på medelvärme.
b) Tillsätt socker och rör tills det löst sig.
c) I en separat skål, blanda majsstärkelse med en liten mängd vatten för att skapa en jämn pasta.
d) Tillsätt majsstärkelsepastan gradvis till aprikosblandningen, rör hela tiden tills den tjocknar.
e) Ta bort från värmen och rör i apelsinblomvatten om du använder.
f) Häll blandningen i serveringsfat och låt den svalna.
g) Kyl tills den stelnat.
h) Garnera med hackade nötter innan servering.

SLUTSATS

När vi avslutar vår smakrika resa genom "Betlehem: en modern titt på palestinsk mat" hoppas vi att du har upplevt glädjen av att utforska de samtida smakerna som kommer från hjärtat av Palestina. Varje recept på dessa sidor är en hyllning till friskheten, kryddorna och gästfriheten som definierar palestinska rätter – ett bevis på den rika gobelängen av smaker som gör köket så älskat.

Oavsett om du har njutit av bekvämligheten av maqluba, omfamnat variationen av mezze eller njutit av sötma i uppfinningsrika desserter, litar vi på att dessa recept har tände din passion för palestinsk matlagning. Utöver ingredienserna och teknikerna, kan konceptet med en modern version av det palestinska köket bli en källa till anslutning, firande och en uppskattning för de kulinariska traditioner som för människor samman.

När du fortsätter att utforska världen av palestinsk matlagning, må "Bethlehem" vara din pålitliga följeslagare, som guidar dig genom en mängd olika rätter som fångar essensen av Palestina. Här är det till att njuta av de djärva och nyanserade smakerna, dela måltider med nära och kära och omfamna värmen och gästfriheten som definierar det palestinska köket. Sahtein!

www.ingramcontent.com/pod-product-compliance
Lightning Source LLC
Chambersburg PA
CBHW071326110526
44591CB00010B/1045